高校基层管理人员胜任力提升研究

基于马斯洛需求理论

徐洪——著

中国纺织出版社有限公司

内 容 提 要

提升高校基层管理人员的胜任力是一所高等院校高质量发展的重要保障，本书基于胜任力和马斯洛需求理论，从高校基层管理人员的需求与胜任力着手，分析高校基层管理人员胜任力现状及存在的问题，并对高校基层管理人员进行需求层次分析及失衡原因分析，从而有针对性地提出高校基层管理人员的胜任力提升策略。

图书在版编目（CIP）数据

高校基层管理人员胜任力提升研究：基于马斯洛需求理论 / 徐洪著. --北京：中国纺织出版社有限公司，2023.11

ISBN 978-7-5229-1056-7

Ⅰ.①高… Ⅱ.①徐… Ⅲ.①高校管理—管理人员—研究 Ⅳ.①G647

中国国家版本馆CIP数据核字（2023）第183767号

责任编辑：刘 丹　　责任校对：王蕙莹　　责任印制：储志伟

中国纺织出版社有限公司出版发行

地址：北京市朝阳区百子湾东里 A407 号楼　邮政编码：100124

销售电话：010—67004422　传真：010—87155801

http://www.c-textilep.com

中国纺织出版社天猫旗舰店

官方微博 http://weibo.com/2119887771

北京虎彩文化传播有限公司印刷　各地新华书店经销

2023 年 11 月第 1 版第 1 次印刷

开本：710×1000　1/16　印张：11.5

字数：110 千字　定价：98.00 元

前言

2012年，本人硕士研究生毕业后便来到一所北京市属公办高校从事基层管理工作，至今已有十余年，先后负责过公文管理、公务接待、信息统计、公文写作、信访接待、党委常委会议题征集及纪要撰写等工作，已经从职场“小白兔”成长为“老员工”。在日常工作中，曾多次有过对于自身职业发展的困惑，特别是近年来随着年龄、工作年限的增长，工作业绩一直处于原地踏步的状态，职业发展遇到了瓶颈，导致本人对职业发展的困惑感愈发强烈，主要体现在如下三个方面。

第一，对自身职业价值的困惑。这是出现最早、也是内心最为强烈的困惑。在高校，基层管理人员究竟属于什么身份？在学校或是学院、部门运行中究竟承担什么职责？一方面，每天忙忙碌碌，加班加点成为常态，付出了很多心血，然而工作“成果”却无法量化，甚至在一些人眼中，高校基层管理人员本就是“可有可无”的，工作得不到理解与认可。另一方面，平时兢兢业业地工作，却很少能够获得物质或精神上的奖励。而专任教师，如果教学工作做得好，可以有机会获评“教学名师”等称号；如果科研能力强，可以申报科研项目、获得科研奖励。纵观基层管理人员，似乎是各类荣誉称号、各类奖励的绝缘体。因此，随着工作年限的增长和对工作熟悉程度的增加，却看不到工作的成效，也得不到他人的认可，自身的爱与归属需求、尊重需求无法得到满足，对自身职业价值产生了困惑。

第二，对自身职业发展的困惑。我国公办高校管理人员是参照政府机关设立校长、副校长、处长、副处长、科长、副科长、科员、办事员等级别，编制设置呈金字塔结构，级别越高，人员数量越少。虽然很多高校都在探索人事制度的改革，本人所工作的高校也通过举办培训、顶岗锻炼等方式力求让基层管理人员获得更多的发展空间，但是人事管理制度的核心并没有发生根本性转变。一方面，高校基层管理人员的晋升通道比较狭窄，晋升岗位更是“僧多粥少”，还要考虑岗位匹配度等因素，因此即使不断努力，也不一定能够有所收获。另一方面，高校所提供的发展平台较少，基层管理人员缺乏职业发展的自主选择权。反观专任教师，其职业发展的选择性就比较多。在人力资源社会保障部、教育部印发的《关于深化高等学校教师职称制度改革的指导意见》中明确指出，要“创新岗位类型。保持高校教师现有岗位类型总体不变，一般设有教学为主型、教学科研型等岗位类型。适应新时代教师队伍发展的需要，高校可根据自身发展实际，设置新的岗位类型”。高校专任教师结合自身实际可以选择教学为主、教学科研、科学研究、社会服务等职业发展类型，而基层管理人员的职业发展选择性几乎没有。基层管理人员有着不同的性格特征、专业特长，其自我实现需求也呈现出多样性，而单一的职业发展路径往往与其自身需求并不吻合，导致对职业发展产生了困惑。

第三，对岗位履职能力的困惑。这个困惑是基于本人多年的工作经历而产生的。通过与其他基层管理人员共事后发现，当前高校基层管理人员的履职能力参差不齐。受工作性质所限，高校很多管理岗位的职责并不清晰，考核指标也不易量化。因此，在工作中，基层管理人员的工作能力、工作态度差别很大。有些基层管理人员工作认真负责、工作能力强；有些基层管理人员明明能力很强，却工作态度消极，遇到一些突发性、临时性工作经常推诿扯皮；有些基层管理人员怀有一腔工作热情，但工作能力却实在不敢“恭维”；有些基层管理人员更是工作期间玩“消失”，打电话一问，不是不接电话，就是出去“送材料”了……总而言之，高校基层管理岗位的任职条件、岗位职责不明确。另外，由于高校管理人员考核评价标准的模糊性和晋升通道的单一性，导致出现付出不同的努力，而收获却往往完全一样的结果，更让本人对岗位的专业性产生了怀疑和困惑。

每一种职业、每一个岗位都有其所具备的知识、能力、职业品质、个性特征等任职条件，每一位从业人员都有各自不同的生理需求或心理需求。如果一个岗位的任职条件与该岗位从业人员的需求同向同行、共同发力，那么一定会获得事半功倍的效果，从而实现个人需求与职业发展共赢的局面。

当前，我国正在加快推进“双一流”大学建设的步伐，高校既需要一支优良的专任教师队伍，也需要一支专业化的基层管理队伍。高校基层管理人员是学校建设与发展的基石和动力，在“双一流”高校建设进程中发挥着上传下达的作用，绝对不可小觑，其履职能力的提升对有序开展教学科研活动、促进校园和谐发展、提高人才培养质量具有重要意义。

本人基于在首都师范大学攻读教育博士期间所学的知识，研究分析高校基层管理人员对其自身职业价值、发展路径及履职能力的困惑，运用胜任力理论，深入解析高校基层管理人员的胜任力特征，识别胜任力关键要素，并根据马斯洛需求层次理论有针对性地提出基层管理人员的胜任力提升策略。基于此，形成了本书的具体研究思路，如图所示：

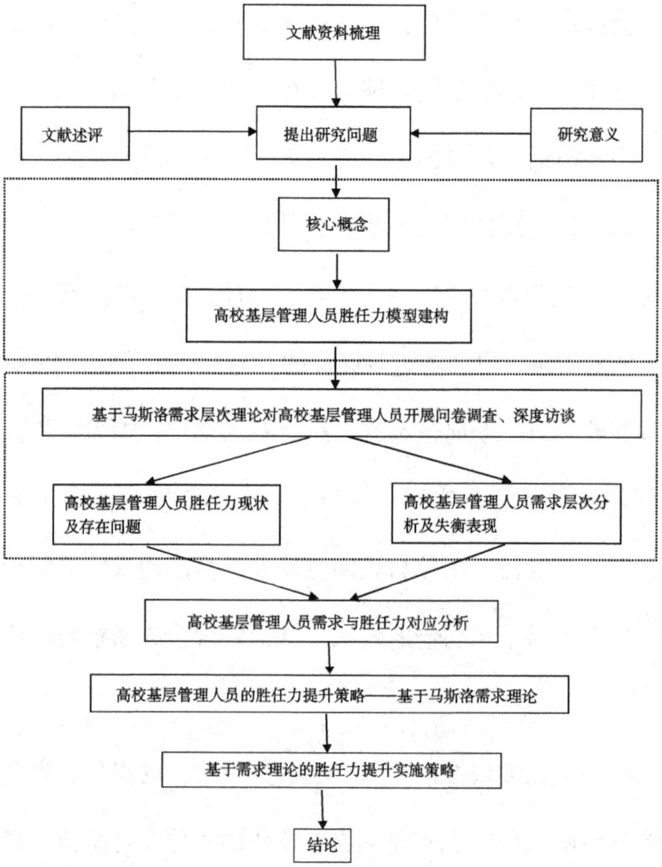

本书共分为六章，第一章至第四章偏重于理论阐述，第五章、第六章侧重于工作实践。第一章明确了高校基层管理人员的角色定位，高校基层管理人员身兼管理者、教育者、服务者“三位一体”，是保障高校有序运转的螺丝钉，是学校人才队伍建设的后备军，突出了高校基层管理人员的重要地位。第二章尝试构建了高校基层管理人员胜任力模型，有针对性地提出了知识、技能、角色意识、性格品质、价值观念及工作动机六个胜任力要素。第三章深入分析了高校基层管理人员的需求层次及表现，并且强调了需求失衡导致的危害。第四章逐项分析了高校基层管理人员的需求与胜任力的对应关系，二者之间具有方向目标的一致性、提升方法的统一性。第五章偏重于实践层面，笔者根据高校基层管理人员工作现状提出了胜任力提升策略。第六章基于马斯洛需求层次理论，通过案例分析，有针对性地提出了实施策略与改进方向。

以上是本书的主要框架结构，希望读者们能够多多提出建议，深入开展交流，不断总结提升，谢谢大家！

徐洪

2023 年 6 月

目录

第一章　高校基层管理人员的角色定位

第二章　高校基层管理人员胜任力模型建构

第三章　高校基层管理人员的需求层次分析

第四章　高校基层管理人员需求与胜任力对应分析

第五章　高校基层管理人员的胜任力提升策略

第一章
高校基层管理人员的角色定位

回顾新中国成立以来我国教育发展历程，中国共产党始终高度重视教育事业的发展，特别是党的十八大以来，习近平总书记对我国教育事业特别是如何培养社会主义建设者和接班人更加重视，并把高等教育提升至社会主义建设事业和中国特色社会主义总体布局的重要战略地位，要求“办好中国特色社会主义高等教育”，为中国特色高等教育发展指明了方向。2018 年 9 月 10 日，中共中央召开新时代第一次全国教育大会，全面总结并深刻阐释了中国教育改革发展过程中凝练而成的新思想新理念新观点。2019 年 2 月 24 日，中共中央、国务院印发《中国教育现代化 2035》，明确了“推进教育治理体系和治理能力现代化”的远期发展目标，提出了“提高学校自主管理能力，完善学校治理结构，继续加强高等学校章程建设”具体要求。

随着高等教育改革不断向纵深推进，高校治理体系和治理能力现代化水平得到全方位系统性提升，人们已经日渐意识到一所优秀的大学不仅要具有出色的教学和科研实力，还应具有较高的管理能力。恰如高等教育管理研究专家迈克尔·夏托克在《成功大学的管理之道》一书中所言，良好的管理“可以为教学科研的兴旺发达提供合适的条件。反之，更常见的情况是，不良的管理会影响教学科研的正常发展，从而导致大学的衰败”。他在书中还强调，“我们不能忽视那些被称为行政人员的人对管理过程的贡献，因为在很大的程度上他们其实是管理者——如果想和其余的人区别开来的话，他们是专业的管理者”。由此可知，在高校内部治理体系中，有效的基层管理可以产生“1+1>2”的管理效能，反之则会阻碍各类资源正常发挥效用，从而影响管理效果。

当前，我国高校内部治理主要采取“科层制”的组织结构形式，“科层制”是德国社会学家、历史学家、经济学家和政治学家马克斯·韦伯提出的，该组织形式的产生是基于科学管理时期对规范化、制度化和理性化的组织结构和管理效率取向的追求，其特征包括一致性、权威性、服从性、层级性、非人格化等，内设机构纵向分层、横向分工，且专业领域分工明确，运行机制以责任为基石，以权力为核心，注重服从和遵守纪律，遵循专业化、理性化和高效原则。

我国公办普通高等院校的运行机制具有“科层组织”与“专业组织”两者特征，具有行政层面的“科层制”又具有学术领域的“专业性”，其内部治理改革的总体目标是通过对高校内部治理结构和治理体系的不断优化，督促校内全体师生共同行动和统筹协调，将制度优势转化为内部治理效能，从而真正实现高校治理能力与治理水平的现代化。因此，高校内部治理不能仅仅局限于治理，更要体现出“善治”理念。“善治”一词出自老子《道德经》第八章“居善地，心善渊，予善天，善信，正善治，事善能，动善时”。“善治”是一个上下互动的管理过程，其权力向度是相互的，其管理方式和手段是多元化的，这就对高校事业发展的决策层面、落实层面以及具体执行层面都提出了更高的要求。

高校基层管理人员处于学校各类发展规划及规章制度的落实层面及具体执行层面，因其直面一线师生，直接参与执行各类政策，也更容易发现内部治理过程中的弊端，是高校内部治理体系中至关重要的力量。因此，探索如何提升基层管理人员的胜任力，进而提高其履职尽责能力非常重要。

“胜任力”概念直接指向履职活动胜任要素，自胜任力理论提出以来，迅速被广泛应用于不同职业、不同领域。因此，对高校基层管理人员的胜任力进行研究，能够为高校基层管理体系提供靶向精准的资源供给，确保实现资源的优化整合与整体价值的最大化。

提升基层管理人员的胜任力是一所高等院校高质量发展的重要保障，要建立高校基层管理人员的胜任力模型，首先要明确基层管理人员在学校中的角色定位，依据角色定位才能找到属于其岗位的胜任力要素。

一、高校基层管理人员范畴

1.“高校管理人员”界定

1999年，教育部出台了《普通高等学校编制管理规程》，明确“高等学校履行高等教育基本职能，完成国家人才培养任务所必须配备的人员编制”，并将人员编制分为三大类：一是教师编制，是指“为完成高等学校教育任务而配备的从事教学工作、学术研究工作以及学生思想政治教育工作的人员编制”；二是教学辅助人员编制，是指“为学校教育教学服务而配备的从事实验技术、情报图书资料、学生实习指导和电化教育等工作，以及其他技术后勤服务工作的人员编制”；三是职员编制，是指“学校中专职从事党务、行政管理、行政事务工作的人员编制”。

2006年7月，人事部印发了《事业单位岗位设置管理试行办法》，将事业单位岗位划分为管理岗位、专业技术岗位和工勤技能岗位三种类别，同时明确了“管理岗位指担负领导职责或管理任务的工作岗位”，要求“管理岗位的设置要适应增强单位运转效能、提高工作效率、提升管理水平的需要”。

2007年，根据《事业单位岗位设置管理试行办法》文件精神，人事部、教育部结合实际情况，细化制定了《关于高等学校岗位设置管理的指导意见》，将高等学校岗位分为管理岗位、专业技术岗位、工勤技能岗位三种类别，同时明确“管理岗位指担负领导职责或管理任务的工作岗位。管理岗位的设置要适应增强高等学校运转效能、提高工作效率、提升管理水平的需要。高等学校管理岗位包括校、院（系）以及其他内设机构的管理岗位”。

在教育理论研究领域，对于高校管理人员的界定与分类，至今没有较为统一的说法。从岗位设置的角度来分类，主要可以分为两大类：一类是“双肩挑”人员，专指在管理岗位和教师岗位两类岗位同时任职的人员，这类人员多由相关领域的权威专家兼任，他们具备一定的组织能力和个人的学术影响力，既从事专业领域工作又兼任管理岗位职务，通常情况下校内各学院院长、各科研院所负责人等多为“双肩挑”人员，此类岗位既需要具备较强的学术权威又需要具备相应的管理能力。另一类是指为高校内部学院及学校机构专门从事基层管理工作的管理人员，即负责具体的行政事务性工作而不担当教学任务的工作人员，比如学校各职能部门、各二级学院、教辅单位及后勤部门的人员。

2.“高校基层管理人员”界定

1998 年颁布的《中华人民共和国高等教育法》规定：“高等学校的管理人员，实行教育职员制度。”随后，在 1999 年教育部颁布的《高等学校职员制度暂行规定》中，对于高校教育职员做了详细划分：“高等学校职员职级是反映管理岗位层次、类别和职员专业水平、工作能力的标志。根据高等学校的实际，高等学校职员职级分为三个职等和十个职级。其中一级、二级、三级、四级、五级为高级职员，六级、七级、八级为中级职员，九级、十级为初级职员。各级职员有明确的岗位职责、任职条件和任期。”2007 年印发的《关于高等学校岗位设置管理的指导意见》中再次明确规定了管理岗位等级设置，在设置实行岗位总量、结构比例和最高等级控制的基础上，将高等学校管理岗位细分为 9 个等级，高等学校现行的部级副职、厅级正职、厅级副职、处级正职、处级副职、科级正职、科级副职、科员、办事员依次对应管理岗位二级至十级职员。

按照组织机构层级划分，高校管理人员通常分为高层管理人员、中层管理人员和基层管理人员三类。高层管理人员一般是指校级领导干部，包括党委书记、校长、党委副书记、副校长、纪委书记等；中层管理人员一般是指各学院、各职能部门领导班子成员，即人们通常所说的“学校中层干部”；基层管理人员一般是指学校各项管理事务的具体执行者，承担日常工作中的政策咨询、信息咨询、多方协调以及调查研究等多重任务。从职务级别而言，高层管理人员原则上指四级及以上岗位，即厅（局）级以上；中层管理人员指五级、六级岗位，即处级正职、处级副职；基层管理人员指七级及以下岗位，包括科级正职、科级副职、科员、办事员。简言之，“高校基层管理人员”是指从事学校日常事务性管理工作的科级（含）及下工作人员，具体界定见表 1–1。

表1-1　高校管理人员界定

岗位等级		职务级别	职务分类
部级副职	二级	校级领导班子成员	高层管理人员
厅级正职	三级		
厅级副职	四级		
处级正职	五级	学校中层干部	中层管理人员
处级副职	六级		
科级正职	七级	各项管理事务的具体执行者	基层管理人员
科级副职	八级		
科员	九级		
办事员	十级		

本书的研究对象

众所周知，在英语中，governance、management、administration都有“管理”的含义，其中governance侧重于“统治、支配”之义，management侧重于“经营”之义，administration主要用于领导层面的管理。北京大学教授马万华在《从伯克利到北大清华——中美公立研究型大学建设与运行》一书中指出，governance指的是决策和管理的整体过程，包括所有参与决策的个人和组织；administration指的是以校长为首的大学管理机构对大学实施的组织领导；management指的是大学管理人员对大学，如教学、科研、资产配置、人事安排等具体事务的管理，这一部分工作主要表现在大学的日常运行中。本研究中所谈及的高校基层管理人员指的相当于management。

3. “高校基层管理人员”分类

高等学校职能是履行普通高等学校为适应社会分工与社会发展需要所承担的社会任务，作为从事日常事务性具体工作的基层管理人员，其工作核心是为学校事业发展提供必要支撑，为全校师生提供相应的支持和服务。从人员来源上进行分类，目前高校基层管理人员的来源主要可以分为两大途径：一是通过公开招聘层层选拔后予以聘用的人员，这是高校基层管理人员的主要来源；二是通过教师或教辅岗位人员转岗、引进人才的家属随调、部队转业干部等方式予以聘用的人员，这部分人员在基层管理人员队伍中所占比例很小。前者主要由学校自行考核后予以聘用，对于其综合素质有一定考量，而后者受政策或某些历史问题干预，在一定程度上无法实现综合考评衡量。

高校管理人员是一个统一而含糊的称呼，根据职责分工，可以将高校基层管理人员分为党务工作人员、行政管理人员以及专职辅导员三类（具体分类见表1-2）。党务工作人员，包括党委组织部、党委统战部、党委宣传部等党委职能部门工作人员以及专职组织员等；行政管理人员，主要包括人事、财务、教学与科研、后勤服务等管理人员；专职辅导员是指从事学生的思想政治教育、日常管理、就业指导、心理健康教育、劳动教育以及学生党员发展等方面工作的人员。

表1-2　高校基层管理人员分类

<table>
<tr><th>序号</th><th>分类</th><th colspan="2">职能</th></tr>
<tr><td rowspan="3">1</td><td rowspan="3">党务工作人员</td><td colspan="2">党委职能部门工作人员</td></tr>
<tr><td colspan="2">各二级党组织工作人员</td></tr>
<tr><td colspan="2">专职组织员</td></tr>
<tr><td rowspan="5">2</td><td rowspan="5">行政管理人员</td><td rowspan="5">行政部门工作人员</td><td>教务部门工作人员</td></tr>
<tr><td>科研部门工作人员</td></tr>
<tr><td>学科建设部门工作人员</td></tr>
<tr><td>人事部门工作人员</td></tr>
<tr><td>财务部门工作人员</td></tr>
</table>

续表

<table>
<tr><th>序号</th><th>分类</th><th colspan="2">职能</th></tr>
<tr><td rowspan="5">2</td><td rowspan="5">行政
管理
人员</td><td rowspan="4">行政部门工作人员</td><td>资产部门工作人员</td></tr>
<tr><td>基建部门工作人员</td></tr>
<tr><td>后勤部门工作人员</td></tr>
<tr><td>保卫部门工作人员</td></tr>
<tr><td colspan="2">各二级单位工作人员</td></tr>
<tr><td>3</td><td colspan="3">专职辅导员</td></tr>
</table>

2017年，教育部第43号令《普通高等学校辅导员队伍建设规定》中指出：“高等学校应当结合实际，按专任教师职务岗位结构比例合理设置专职辅导员的相应教师职务岗位，专职辅导员可按教师职务（职称）要求评聘思想政治教育学科或其他相关学科的专业技术职务（职称）。专职辅导员专业技术职务（职称）评聘应更加注重考察工作业绩和育人实效，单列计划、单设标准、单独评审。将优秀网络文化成果纳入专职辅导员的科研成果统计、职务（职称）评聘范围。”由此可见，上级的政策文件已经明确了专职辅导员可以按照教师职务（职称）要求进行评聘晋升。在实际工作中，根据中央文件精神，各个高校已经逐步认定辅导员具有教师和管理干部的“双重身份”，为促进辅导员系统化专业化建设，明确辅导员可以采取“双线晋升”，并且独立设置了职称系列。专职辅导员的胜任力要素及自身发展路径与其他基层管理人员是有所区别的。故此，本书中“高校基层管理人员”的研究范畴不包括专职辅导员。

二、高校基层管理人员的身份认知

人们对“高校基层管理人员”的称呼能够直接反映出公众对其身份的认知，对于专任教师，无论学校内部抑或是校外相关人员，人们通常都称其为“某某教授”或“某某老师”。而对于基层管理人员，人们对其称呼则呈现出“五花八门”的状态，有人称呼“老师”，有人称呼“同志”，有人称呼“师傅”，还有人直接称呼其行政职务，如“某某科长”“某主任”等。虽然只是日常工作生活中的一个小细节，但也能反映出公众对“高校基层管理人员”身份认知的模糊性。

不仅是公众，很多高校基层管理人员对其身份定位都没有一个清晰的认知。笔者对 15 位高校基层管理人员进行了访谈，他们中有刚刚入职 1 年多的年轻人，也有在基层管理岗位上工作了近 30 年的老同志，大家普遍对自身的岗位认知有困惑。有些人调侃自己在工作中就是“打杂的”“跑腿的”“填表的”“修电脑的”“取快递的”等，也有些人认为自己的工作岗位很重要，但具体为什么重要却又说不清楚。

奥尔巴尼大学教授卡罗尔 · R. 罗杰斯和独立学者凯瑟琳 · H. 斯科特在《学习教学过程中自我意识与专业认同的发展》一文中指出：“身份认同依赖并形成于多重环境中，且上述环境能促使社会、文化、政治、历史理论对认同的形成产生影响；身份认同是在与他人的关系中形成的，通常包含情感；身份认同是持续变化的，不稳定的，且呈现多重性；身份认同包含通过故事与意义进行构建与重构。”基于此，高校基层管理人员的身份认同直接影响着其职能的发挥。高校基层管理人员是大学管理工作的组织者、实施者，承担着重要职责和任务，对高校建设与发展具有至关重要的作用。只有明确了高校基层管理人员的身份定位，才能准确地引入科学的工作方式、改善工作理念，从而提升管理人员的综合素质。

1.高校基层管理人员是管理者

对于管理者的身份，公众普遍比较认同。从词义上来阐释，“管理”有两个含义：一是指负责某项工作使之顺利进行，保管料理；二是指照管并约束。在管理学领域，“管理”通常是指在特定的范围里，管理人员为了实现相应的目标，对其所能有效调配的各类资源进行有效地计划、组织、领导、统筹和调控等一系列活动的过程。很多管理学领域的专家学者都对“管理”一词进行了定义。“管理理论之父”亨利·法约尔在《工业管理与一般管理》一书中提出：“管理，就是实行计划、组织、指挥、协调和控制。”美国管理学家、管理过程学派的主要代表人物哈罗德·孔茨提出：“管理就是设计并保持一种良好环境，使人在群体里高效率地完成既定目标的过程。”美国著名的管理学教授、组织行为学的权威斯蒂芬·P.罗宾斯在所著的《管理学》一书中提出：“管理是指同别人一起，或通过别人使活动完成得更有效的过程。”美国管理思想史学家丹尼尔·A.雷恩等著的《管理思想的演变》一书中指出："它发挥某些职能，以便有效地获取、分配和利用人的努力和物质资源，来实现每个目标的活动。"如果说高校决策层是掌舵者，那么高校基层管理人员就是划桨者，负责按照一定的工作原理和科学方法，有计划有组织有针对性地对人力、财力、物力等资源不断进行优化调整、统筹协调，从而维护学校的正常运行。在高校实际运行过程中，高校基层管理人员是人才培养、学科建设、科学研究、社会服务、后勤保障等工作的重要支撑，也是学校各类方针政策落实落地的主要执行者。

谈到管理者，还有一个容易混淆的概念，那就是领导者。需要明确的是，高校基层管理人员并非领导者。通常情况下，领导者的首要任务是为开展工作指明前进的方向，并选择和激励工作人员去实现工作目标；而管理者的首要任务则是使用客观标准、理性地分析和解决问题，其追求的是在既定条件下以最少的资源达成工作目标。在高校中，基层管理人员重点关注的应该是如何高效、高质量、有创造性地完成工作，而领导者则把工作重心放在制定工作目标、明确工作原则等方面。如果将两者混淆，则不利于分清日常管理工作的主次，存在本末倒置的隐患。

2.高校基层管理人员是教育者

对于教育者的身份，基于对"教育"的不同理解，公众持有不同的观点。如果把"教育"狭义定义为传授知识的过程，那么基层管理人员就不应该被划为"教育者"的范畴；如果把"教育"广泛定义为培养人才的过程，那么高校基层管理人员就是不折不扣的教育者。2017年，中共中央、国务院印发了《关于加强和改进新形势下高校思想政治工作的意见》，提出“坚持全员全过程全方位育人。把思想价值引领贯穿教育教学全过程和各环节，形成教书育人、科研育人、实践育人、管理育人、服务育人、文化育人、组织育人长效机制”的工作要求。管理育人作为“三全育人”体系的重要组成部分，有着不可替代的重要作用。学生在高校的生活与学习中，时刻要接受学校的管理、时刻会受到高校管理育人理念的影响。很多高校基层管理人员都是直接接触学生，其言行对学生有着潜移默化的影响，利用有温度、科学化的管理育人模式与课堂上的思想政治教育相呼应，从而共同达成立德树人的最终目的。

高校基层管理人员作为教育者，其教育实现路径不同于专业教师，专业教师通常是在知识、技能等领域相较于学生有极大优势的人，其教育过程主要在课堂。专业教师具有某个学术领域的权威，也正是这种权威，使专业教师与学生之间自然而然地形成了上下级的关系。而基层管理人员的育人过程，应该属于引导过程。在管理育人实施的过程中，基层管理人员是没有教学大纲、教学目标可以参照的，依据布鲁姆的教育目标分类，高校基层管理人员的教育目标应该突出运用、评价等方面，强调能够实现在具体情境下的价值判断和运用，而不是单纯对概念、原理、方法等的记忆。换言之，教育属于一个系统工程，基层管理人员的教育过程没有特定的时间、特定的地点，而是将教育在不经意间融入日常管理过程中，潜移默化地达到育人效果。

3.高校基层管理人员是服务者

对于“高校基层管理人员是否属于服务者”的争议，可以从两个方面来理解。一方面，从工作目标来看，虽然高校存在管理与教学双重系统，但究其根本，管理是要为教学、科研而服务的。正如张维迎在《大学的逻辑》一书中所谈到的“学生到学校里来，行政服务并不是他们本身需要的，而是由于学生为了获得知识和接受教育，或者说是教授为了创造知识而派生出来的一些对行政系统服务的需求”。基于高校基层管理的间接性、衍生性等特征，要求高校基层管理人员在日常工作中应该时时刻刻遵循服务育人的理念。另一方面，前面已经说到了“高校基层管理人员是管理者”，既然是“管理者”就需要树立“服务”的意识。马克思主义劳动观指出：“服务”这个名词不过是指这种劳动所提供的特殊使用价值，就像其他一切商品也提供自己的特殊使用价值一样；但是这种劳动的特殊使用价值在这里取得了“服务”这个特殊名称，是因为劳动不是作为物，而是作为活动提供服务的。也就是说，服务不是劳动的根本目的，而是劳动的附加值。

在《现代汉语词典》中对“服务”的定义是“为集体(或别人的)利益或为某种事业而工作”。马克思关于人的本质及全面发展理论中提出，(人)在选择职业时，应该遵循的主要原则是人类的幸福和我们自身的完美，从而实现“人人也都将同等地、愈益丰富地得到生活资料、享受资料、发展和表现一切体力和智力所需的资料”的愿景。根据用途划分，马克思将人全面发展所需的资料分为三部分，分别是："生活资料""享受资料""发展资料"。马克思认为，当生活资料得到满足后，人的需要便自然而然转向"享受资料"和"发展资料"，而"服务"恰好为二者的主要供给者。我们生活在社会中，就是处于一个大的社会系统中，相互依存，相互服务。高校基层管理人员主要是为学校有序运行、事业发展而工作的，因此"服务意识"应该存在于每一位基层管理人员的思想认知中，只有提高对服务的认识，增强服务意识，激发起人在服务过程中的主观能动性，做好管理服务工作才有思想基础。

4.管理者、教育者、服务者三位一体

身兼管理者、教育者、服务者三职的高校基层管理人员在工作中是否会产生身份错乱感？马婷婷在《高校行政管理人员角色错位研究》一文中指出，我国高校行政管理人员在职业角色的履行方面，存在着角色错位的现象，具体包括两种：一是角色间错位，包括高位低移、低位高攀和平位互侵三种类型；二是角色内错位，包括角色行为期待与实际心理体验错位和角色实际扮演的错位等。但是，笔者认为管理者、教育者、服务者这三种身份具有极强的统一性，彼此影响、互相促进。在日常工作中，高校基层管理人员并不是将这三种身份随时切换，而是将此三种角色融为一体来开展工作的，即高校基层管理人员应该是秉承服务意识，立足教育者的角度，心怀管理育人的心态，科学合理地开展基层管理工作。基于此，高校基层管理人员必须同时具备三种角色所需的能力。

三、高校基层管理人员的地位作用

高校基层管理人员是相对于高层、中层管理人员而言的，所代表层级不同，工作侧重点也不相同。基于我国现行的高等教育领导体制机制，高校中的高层管理人员工作重点一般是把方向、管大局、保落实，例如制定发展规划、实施纲要，对“三重一大”事项的决策选择，以及一些突发性事务的应急处置等。中层管理人员要与其所分管的高层管理人员对接，对上级决策精神进行领悟和传达，并根据高层管理人员所指明的方向制定具体实施方案，对具体工作进行细化分类安排，其主要任务是对上级决策部署制定出行之有效的落实推进方案。基层管理人员的工作偏重于日常操作与贯彻执行，要根据中层管理人员的工作分配去执行，同时根据工作的进展情况，也要承担辅助决策的职责，偶尔也会根据实际情况做出一些日常事务的小决策。高校基层管理人员的工作能力与完成效率对高校发展有着重要的助推作用，其常规性工作是学校组织运作的有力基础和必要保障，其工作的重要性不可低估。

高校基层管理人员是高校建设与发展的基石和动力。当前，党和国家事业正处在一个关键期，“我国高等教育发展方向要同我国发展的现实目标和未来方向紧密联系在一起”。各高等院校正在加快推进“双一流”建设，“双一流”建设需要一流的师资、一流的学科、一流的办学条件，更需要有一流的管理。然而，“一流的管理”的必要性往往容易被人们所忽视。要实现“一流的管理”，提高高校基层管理人员的胜任力是基础，也是必由之路。在高校里，基层管理人员所承担的工作主要是琐碎重复的事务性工作，但却与高校各方面工作的有序运行和发展息息相关，高校基层管理人员恰如火车的车轮，承载着高校人才培养、科学研究、社会服务和文化传承等职能的有效履行。

1.高校基层管理人员是保障高校有序运转的螺丝钉

迈克尔·夏托克在《成功大学的管理之道》一书中指出：大学的管理是“全面的、整合的过程，大学的各种功能和作用密切相关、互相影响。因此，一个弱项会影响学校其他方面功能的发挥。认识到大学管理的整体性是通向大学成功的关键”。所谓高校基层管理，主要是利用学校内部赋予的管理权力，对学校内部各项事务进行管理的基本工作活动。在长期以往的实践过程中，高校基层管理工作已经形成了富有逻辑的、全方位的工作流程，不同的工作职能在实践的过程中，可以发挥出不同的作用，从而实现管理目标。从各岗位的工作特点来看，高校基层管理人员的工作职责主要涉及计划、执行、组织、协调等，涵盖了高校运行的全过程。比如，制定工作计划、执行上级决策、组织协调各类会议活动等，处处少不了基层管理人员的身影，他们在默默无闻中履行着工作职责。王英杰在《大学学术权力和行政权力冲突解析——一个文化的视角》一文中曾有过一个非常形象的比喻："如果说把教师比作教堂中服务的神父，那么行政管理人员是建筑教堂和维系教堂运转的人。"神父固然神圣，但"建筑教堂和维系教堂运转的人"更是至关重要，二者不可或缺。

2.高校基层管理人员是学校干部队伍建设的后备军

前面已经讲到，按照组织机构层级划分，高校管理人员通常分为高层管理人员、中层管理人员和基层管理人员三大类。2019 年 3 月印发的《党政领导干部选拔任用工作条例》中明确干部选拔任用要向基层一线倾斜，"树立注重基层和实践的导向"，高校基层管理人员扎根基层且具备相应的工作实践经验，既有相应的专业知识又有基层工作经验，符合党和国家的选人用人导向。在实际工作中，绝大部分中层干部都是由基层管理人员提拔晋升而来。故此，从行政序列角度来看，高校基层管理人员应该是学校中层干部的后备军、储备力量。同时，高校基层管理人员普遍具有较高的专业素养，人才是高校重要的人力资本，更是高校不断发展的重要资源。因此，要高度重视基层管理人员的发展潜力，加强对基层管理人员的培养与使用，统筹做好干部梯队建设和人才队伍建设，从根本上实现高校高质量可持续发展。

四、高校基层管理人员存在的典型问题

鉴于高校基层管理人员的重要作用，在一所高校中，必须高度重视基层管理人员的队伍建设。然而在实际运行中，高校领导层面普遍对教学、科研人员的队伍建设高度重视，而对于基层管理人员的队伍建设，则认为“差不多”“过得去”就可以，投入的精力和关注度极其有限，从而导致高校基层管理人员中出现了如下比较典型的不良倾向。

1.“内卷”现象明显

所谓“内卷”，历史学家杜赞奇在《文化、权力与国家》一书中指出，“内卷”是指“一种模式发展到一定阶段后便停止不前，无法进入到高级模式的现象”。历史社会学家黄宗智在《长江三角洲小农家庭与乡村发展》一书中指出，“内卷”是指“没有发展的增长现象”。首都师范大学傅树京教授将“内卷”总结概括为虽然有数量的增加，但没有质量的提升，呈现出自我缠绕、重复原有路径、无法进入新形态的现状。无论何种定义，我们都能确定“内卷”是一种不利于健康发展的现象，而在高校基层管理人员当中，“内卷”问题早已存在，且呈现出愈演愈烈之势。

高校基层管理人员的“内卷”，其表现大致可以分为两类。一类主要表现是，工作长期处于低水平的模仿和复制。一些基层管理人员，特别是有经验的基层管理人员，片面认为目前的工作方式完全符合工作要求，一切只要按照传统套路推进就行。比如：在工作中，尤其是一些周期性的工作，简单地把往年的工作方案照搬照抄，更有甚者，为了体现出工作业绩，把历年的工作简单“叠加”，造成工作成效“显著”的假象。再比如：开展理论学习或业务研讨时，只追求次数的增加、形式的新颖，忽视了学习研讨的效果，研讨内容多是从网上摘录，被动地应付工作与学习，导致无意义的学习越来越多，根本无法集中精力去提升自身的综合素质。另一类表现是，有些基层管理人员具有追求创新和突破的意识，但是却没有找到正确路径，只是为了追求所谓的创新和突破，却没有注意发现工作中的问题，创新仅仅是停留在表面上的创新，没有立足于解决问题，从而导致把简单问题复杂化，盲目追求无意义的精益求精。在实际工作中，最突出的表现就是在文稿写作方面，有些基层管理人员提交的文稿字数越来越多、辞藻越来越华丽、对仗越来越工整、印制越来越精美，但是内容却越来越空洞、整篇表述“华而不实”，忽视了公文的主要功能，转而关注文字的华丽与对仗、版式设计的精美等，这些不利于工作的高效开展。

2.“躺平”心态突出

所谓“躺平”，本指平卧，顾名思义就是平躺在地上，不再热血沸腾、不再盲目渴求成功了，多指代一种“不作为”“不反抗”“不努力”的生活态度。这是当代人，特别是年轻人的一种鸡汤式自我解脱，面对各种压力选择“一躺了之”，这反映出社会上不少人的心态。当然，社会上也有一些年轻人只是将“躺平”视为一种自我安慰式的调侃，嘴上说着“躺平”，实际上却永不放弃，坚持很“卖力”工作，而此处所指的“躺平”，采用的是原有之义。

在高校基层管理人员群体中，“躺平”心态也很突出，通过笔者对高校基层管理人员的访谈过程中可以感受到，基层管理人员或多或少都有些“躺平”的心态，究其主要原因就是没有了内驱力。诚然，高校的中心工作是教学和科研，学校领导层面势必更加关注和投入教学、科研工作，相比之下，管理人员，特别是基层管理人员则容易被忽视、被边缘化，导致其晋升途径、激励机制不够健全。最突出的表现是基层管理人员职业发展的上升渠道太狭窄，或者找不到适合自己发展的方向，长此以往，基层管理人员就不再渴求成功了。当前，高校的组织系统包括两个子系统：一个是教学系统，另一个是行政系统。基于此，目前高校行政管理人员在校内的上升渠道主要有两条：第一条渠道是走行政系统序列，力争提任晋升，从科级到处级，再到厅（局）级，但是这条路最大的问题是“僧多粥少”，领导层面的人数毕竟比较少，竞争压力也比较大。第二条渠道是转而走教学或教辅序列。专业背景较强的管理人员，可以转岗至教师岗、教辅岗位，但是，随着“双一流”建设的全面推进，对于教师、教辅岗位的专业要求也越来越高，对“转岗”的专业水平要求越来越高，而基层管理人员疲于完成各类事务性工作，很难有足够的时间和精力去提升专业水平，因此，“转岗”的难度也比较大。当然，这只是校内能够实现的两条职业发展上升渠道，在实际工作中，还有一些高校基层管理人员去考公务员、去继续深造，或者选择自主创业等。基于以上现状，大多数基层管理人员，特别是年龄较大的管理人员，感觉自身职务晋升无望，转岗也难以实现，导致在工作方面没有了追求和目标，自然而然也就失去了进取心，差不多能够完成本职工作就好，“当一天和尚撞一天钟”，领导交办的任务能交差就行了。

3.“副业”逐渐兴起

在日常生活中，我们所谈论的副业，通常指的是人们的次要资产收入来源。一般情况下，人们会把稳定的工作当作事业，而把不稳定的职业当作副业。目前，大部分高校对于基层管理人员的薪资待遇都是“独立”于实际工作状态的，无论是干得好与不好，薪资待遇都是按照级别、工龄等因素发放。另外，大多数高校对于基层管理人员从事副业没有明确的限制要求，这就给“副业”的逐渐兴起提供了便利条件。

随着高校基层管理人员的“内卷”现象明显，以及“躺平”心态的助力，很多人都选择“副业”来另辟蹊径、另谋出路。在前期的访谈中，笔者了解到有些基层管理人员是炒股“行家”，有些人则开设了自己的淘宝店铺等，更有甚者在校园里进行商业广告推广。当然，有些副业能够在休息时间完成，可以适当充实丰富人们的业余生活，但也有些副业已经严重影响了本职工作，有些基层管理人员甚至已经分不清主业和副业，上班时间也在忙着干副业，专注于干自己的事情，从而忽视了主责主业的提升。

长此以往，则非常不利于基层管理人员的职业发展。

4. “微权力”缺乏监管

从微观的角度来看待权力的话，人人都拥有权力，包括社会中最草根的人群以及企业中最底层的员工。陈洪安教授在《微权力——小员工大成就》一书中提出，权力不再是一种话语霸权，权力的关键也不在于谁掌握权力，而是一种实施力量的渠道、一种相互关系，权力应该是一种内在的关系。

高校基层管理人员是拥有“微权力”的，虽然只是具体执行事务，但是其自身也能决定是否要去做、怎么做、什么时候做等。高校基层管理人员的微权力缺乏监管主要表现在两个方面：一方面，因为权力导致官本位思想。所谓“官本位”是指把是否为官、官职大小当成一种核心的社会价值尺度去衡量个人的社会地位和价值。针对高校基层管理人员，其主要表现为说话办事拿腔拿调，对上级毕恭毕敬，而对服务对象尤其是学生则态度傲慢、说话生硬，有的学生甚至对基层管理人员的态度给出了“对上级是羊，对下级是狼”的生动比喻。另一方面，就是微权力也容易失控。目前，对于高校的人、财、物等资源，日常监管比较到位，但是对于基层管理人员的微权力，往往忽视了对其监管，比如：学生选课、学业成绩录入等具体事务，看似是微权力，实则与学生个人利益息息相关，一旦微权力失控，极有可能导致师生对学校失去信任。在实际工作中，一些基层管理人员利用手中权力私自在学校教务系统篡改学生成绩、故意影响学生选课的现象也偶有发生，虽然这些只是小概率事件，可一旦发生，则严重影响学校的公信力。

关于高校基层管理人员存在的主要问题及表现，可以总结为：从学校层面来看，该群体在高校主体层面上较为边缘化，存在感和受关注度较弱；从其自身层面来看，部分基层管理人员态度消极，工作积极性和效率低下。因此，学校的领导者或管理者应以胜任力要素为准则，以此为抓手，着力解决上述问题，并不断提升高校基层管理人员的综合素质。

第二章 高校基层管理人员胜任力模型建构

党的二十大报告提出："教育、科技、人才是全面建设社会主义现代化国家的基础性、战略性支撑。必须坚持科技是第一生产力、人才是第一资源、创新是第一动力，深入实施科教兴国战略、人才强国战略、创新驱动发展战略，开辟发展新领域新赛道，不断塑造发展新动能新优势。"在全面建设社会主义现代化国家新征程上，高等教育事业被赋予新的使命。面对世界百年未有之大变局，新一轮科技革命和产业变革深入发展，高等教育改革发展迎来重要战略机遇期。

进入新发展阶段，社会各界对高等教育发展寄予了更高期盼，也提出了更高的要求。高等院校作为科技创新的策源地和高水平人才的聚集地，必将迎来难得的历史机遇和广阔的发展空间，也必将不可避免地面临新的现实困境。

高等院校要主动适应新时代高等教育改革发展需要，坚持内涵式、差异化发展，全方面践行新发展理念，结合自身特色及优势，坚持以创新促发展、以开放谋发展、以质量保发展，踔厉奋发、勇毅前行，不断开创学校事业高质量发展的新局面。

走好高等院校的高质量发展之路，仅仅依靠高校领导或者少数人的力量显然是难以成功的，需要举全校之力共同努力，群策群力、集思广益共谋学校事业发展，这也对高校领导、教师以及基层管理人员提出了更高的专业化要求。因此，将"胜任力"的概念引入高校基层管理人员职业发展中，既是时代发展、高等教育发展所需，也有利于高校基层管理人员自身与时俱进成长成才，从而不断满足公众对该社会角色的期待。

一、“胜任力”概念解析

“胜任力”概念来自拉丁语 Competere，可以翻译为素质、能力、才能、胜任特征等。20 世纪初，“管理科学之父”泰勒把科学管理研究称为“管理胜任特征运动”，由此形成了“胜任力”概念的雏形。

1. “胜任力”概念

目前学界对于“胜任力”概念的界定尚无统一定论，这个概念最早由哈佛大学教授戴维·麦克利兰提出。20 世纪 60 年代后期，美国国务院认为仅以智力因素选拔外交官有些过于简单草率，且选拔出来的外交官明明智力不错而在实际工作中却表现得不尽如人意。面对这样的问题，美国国务院邀请麦克利兰教授进一步研究如何更准确地判断某个人是否适合外交官职位。基于此项研究，1973 年麦克利兰教授在其《测量胜任力而非智力》一文中正式提出了“胜任力”概念的含义，认为：“胜任力是指那些与个体工作或工作绩效直接相关的特征、动机或能力等，使用胜任力可以对个体实际的工作绩效进行较为准确的预测”。学术界较为认同的定义是莱尔·史班瑟和西格·史班瑟于 1994 年提出的，即胜任力是指能将组织中绩效优秀的工作人员与绩效一般的工作人员区分开来的人的一切特征的集合。我国学者对“胜任力”概念也有定义：王重鸣、陈民科在《管理胜任力特征分析：结构方程模型检验》一文中提出：胜任力是指知识、能力、技能和动机、个性、价值观等能够带来高管理绩效的特征；仲理峰、时勘在《胜任特征研究的新进展》一文中提出：胜任力是能把表现优异者和表现平平者区分开来的个体潜在的、较为持久的行为特征；李玲在《新员工胜任力提升路径分析——基于无边界职业生涯理论》一文中认为，胜任力是工作过程中所呈现出来的动机、行为、知识等要素。

麦克利兰教授针对胜任力诸要素形象地构建了冰山模型（图 2–1）。“冰山模型”是以海平面为基准，将个人素质的不同特征分为冰山以上和冰山以下部分。漂浮在海平面的冰山以上部分有知识、技能，这是可以采取有效方式或方法观察与测量的要素，属于显性特征，能够通过学习、培训等方式来丰富和提高的。而潜藏在海平面冰山以下部分包括社会角色、自我认知、特质和动机，属于隐性特征，这是人内心难以度量的要素，不太容易通过外在的力量去影响和改变，但却对个体行为与表现有着关键作用。

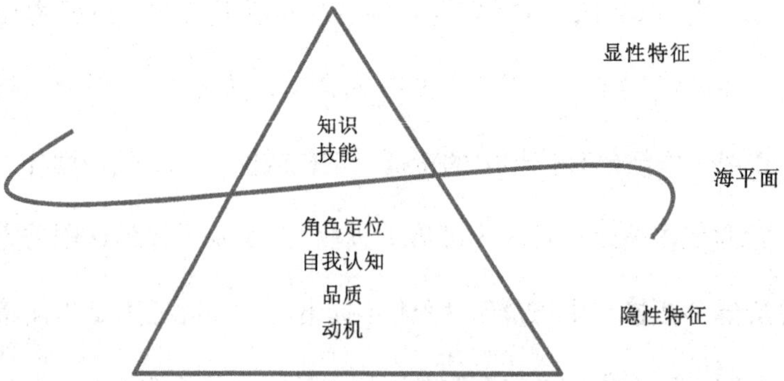

图2–1　冰山模型

知识：个人对本岗位工作职能的相关内容进行了解，具有事实与经验的信息。

技能：对某一工作范畴或工作岗位所需专业知识的掌握程度，包括领导能力、表达能力、组织能力、应急能力等。

角色定位：也可以称为社会角色，个体的为人处世方式，在社会中被赋予的身份定位以及该身份定位所应发挥的功能。

自我认知：个体对自身价值观、自我印象的认知，比如：自信心、性格特征、脾气秉性等。

品质：个体的性格、身体特征应对不同环境和各种信息所表现出来的行为特性。

动机：在一定的环境中，个体内心持续存在、自然而然的想法和喜好，将指引、决定一个人的外在行为，比如：影响力、成就等。

美国学者鲍耶兹构建了胜任力“洋葱模型”（图 2–2），认为胜任力特征是像洋葱一样，由内到外层层包裹的结构，处于洋葱结构中心的是个性动机，然后向外层依次排开，分别为自我形象定位、价值观、态度、知识、技能。越向外的胜任力特征，越容易被发现、培养和评价；越向内的胜任力特征，越难以认知、评价和学习。胜任力的冰山模型和洋葱模型本质上是一样的，都属于管理范畴中的重要工具，能够对担任某项工作所应具备的胜任力要素进行明确说明。

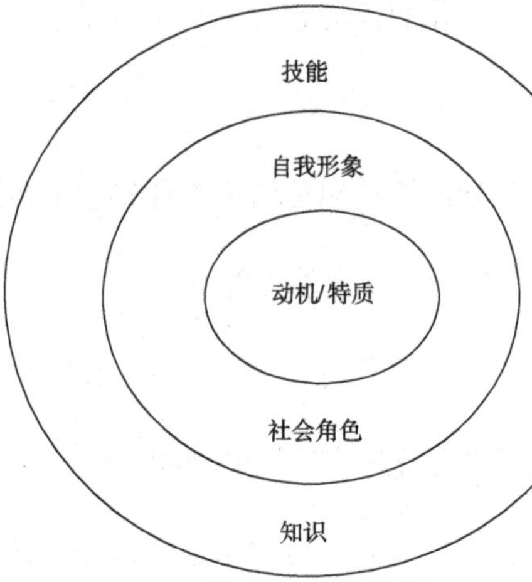

图2-2　洋葱模型

相较于国外，我国学者对于“胜任力”的研究，起步较晚，2000 年以后才逐渐兴起，但却“后发制人”。笔者以“胜任力”“胜任力模型”等作为关键词在中国知网、维普等学术期刊网站进行搜索，相关研究论文多达 1.22 万余篇，其中有博士学位论文 369 篇、硕士学位论文 6599 篇。随着对胜任力研究的不断深入，胜任力模型日渐成熟并应用于各个行业，目前已经取得了非常好的阶段性成果。从研究成果数量来看，以企业员工、党政管理干部、公务员、高校教师等为研究对象的学术成果较多，也有越来越多的学者关注到高校基层管理人员的胜任力建设。

2.“高校基层管理人员胜任力”概念

本书中的“高校基层管理人员胜任力”，是指高校基层管理人员在工作岗位中，所具备的、可以客观测量的个体特质以及可预测、指向绩效的行为特征，主要包括，知识、技能、角色意识、性格品质、价值观念和工作动机等要素。

“高校基层管理人员胜任力”，一方面能够反映高校基层管理人员作为个人与从事岗位之间的匹配程度，进而延伸为高校在管理人员的招聘、培训、调整、晋升等方面的各项要求和指标体系；另一方面，能够前瞻性把握职业本身和从业群体的发展，进而延伸为如何应对社会环境发展背景下相关职业发展所提出的新要求。在高校场域中，基层管理人员的胜任力首先作为任职资格的整体素质表现，进而作为履职尽责的重要体现，最后自然而然成为职业发展的核心要素。

现有研究成果中，学者们普遍关注的是高校基层管理人员胜任力的要素及模型建构，姜良杰在《高校行政办公人员的胜任力模型构建》一文中提出：（高校行政办公人员）胜任力包含自身知识、能力、人格特征、品德品性等。容泽文在《基于胜任力模型的高校行政管理人员体系建构》一文中指出：高校行政管理人员的胜任力具有职业道德、管理技能、创新能力等核心要素。姚林在《高校行政管理人员胜任力模型的实证研究》一文中设计了包含学习能力、原则性、自信心等 11 项要素的胜任力模型。姜云东在《“双一流”高校基层行政管理人员胜任力研究》一文中针对高校行政管理人员构建了管理技能、人际技能、工作技能、性格特征、职业道德及创新能力共六大维度的胜任力模型。李倩在《高校基层行政人员胜任力研究》一文中，通过分析高校行政管理人员的胜任力现状、影响因素等，指出高校行政管理人员职业发展面临的困境，并提出了解决策略。董晓林、马连杰在《高校行政管理人员胜任力与工作绩效的关系》一文中对高校行政管理人员特别是基层管理人员的胜任力特征进行了分析研究，指出胜任力强的特征包括责任意识强、工作完成度高、态度端正等。骆行在《基于胜任力理论高校基层管理人员培训需求研究》一文中对如何开展胜任力培训进行了研究，认为胜任力需求从高到低的顺序依次是价值观、工作能力、人际关系、认知水平和性格特征。

笔者认为，关于高校基层管理胜任力的研究，其重要性不仅在于其理论价值，更在于其实践意义。

二、高校基层管理人员胜任力模型建构依据

胜任力模型是针对某一个组织系统内的特定岗位，能够有效区别出不同能力水平者，并基于表现优异的行为特征的组合而形成胜任力结构。建构高校基层管理人员胜任力模型，首先要先明确模型建构依据。

1.政策导向

建构高校基层管理人员的胜任力模型，首先要明确模型建构的时代背景，明晰国家对于普通高等教育有哪些政策导向以及具体发展目标。习近平总书记在党的十九大报告中提出要“加快一流大学和一流学科建设，实现高等教育内涵式发展”的目标。内涵式发展并非高校自身之事，也事关国家高等教育发展，是应国家政策、社会舆论、教育发展规律的要求而做

出的积极应对之策。

2018 年 9 月 10 日，习近平总书记在全国教育大会上强调：“要努力构建德、智、体、美、劳全面培养的教育体系，形成更高水平的人才培养体系。要把立德树人融入思想道德教育、文化知识教育、社会实践教育各环节，贯穿基础教育、职业教育、高等教育各领域，学科体系、教学体系、教材体系、管理体系要围绕这个目标来设计，教师要围绕这个目标来教，学生要围绕这个目标来学。凡是不利于实现这个目标的做法都要坚决改过来”。由此可知，从高校来讲，管理体系要围绕德、智、体、美、劳全面培养的教育体系来构建，建构基层管理人员胜任力模型的总体原则是在高校形成更高水平的人才培养体系。

2019 年 10 月 31 日，在中国共产党第十九届中央委员会第四次全体会议上通过的《中共中央关于坚持和完善中国特色社会主义制度、推进国家治理体系和治理能力现代化若干重大问题的决定》中明确指出：坚持和完善中国特色社会主义制度、推进国家治理体系和治理能力现代化，是关系党和国家事业兴旺发达、国家长治久安、人民幸福安康的重大问题。大学治理作为国家治理的重要组成部分，也是开创新时代高等教育事业新局面的根本保证。高校治理现代化既是国家治理体系和治理能力现代化对高校高质量发展提出的目标要求，更是扎根中国大地办好中国特色社会主义大学的根本保障。要提高高等教育治理能力和水平，必须将建设高水平的治理体系作为必要保证和有力支撑，而实现高水平的治理关键在于建设一支高素质的管理人才队伍。

Peter Mayer、陈颖在《IDC 项目：培养高校管理者领导胜任力的有效工具》一文中强调："高校要适应不断变化的大环境所带来的挑战，并真正为社会发展贡献力量，管理者的作用不可忽视。"因此，要建构高校基层管理人员胜任力模型，必须以构建高水平人才培养体系、推进高校治理能力和治理体系现代化为导向。

2.社会价值取向

随着人类进入知识经济发展的新时期，全球高等教育格局和运作方式都发生了巨大的变化。新时期意味着新的局面、新的机遇和新的挑战。我国高等教育为了适应新的时代发展需求，在建构高校基层管理人员胜任力模型前，要先明确高校基层管理人员的价值取向。结合实际工作，基层管理人员应该具备立德树人、守正创新、团结合作的价值旨趣。

（1）立德树人

《左传·襄公二十四年》有云："太上有立德，其次有立功，其次有立言，虽久不废，此之谓不朽"，其意思是指在人的一生当中，有三种方式可以让这个人永垂不朽：首先就是树立德行，其次是建功立业，最后是著书立说。"立德"与"树人"是相互统一的，离开"立德"谈"树人"，就会偏离正确方向，"树"不好"人"；而离开"树人"谈"立德"，就会流于空洞形式，"立"不好"德"。

2012 年 11 月，党的十八大报告明确提出："要坚持教育优先发展，全面贯彻党的教育方针，坚持教育为社会主义现代化建设服务、为人民服务，把立德树人作为教育的根本任务，培养德智体美全面发展的社会主义建设者和接班人”。2016 年 12 月 7 日，在全国高校思想政治工作会议上，习近平总书记要求“坚持把立德树人作为中心环节，把思想政治工作贯穿教育教学全过程，实现全程育人、全方位育人，努力开创我国高等教育事业发展新局面”。2018 年 5 月 2 日，习近平总书记在北京大学师生座谈会上的讲话中谈到“要把立德树人内化到大学建设和管理各领域、各方面、各环节，做到以树人为核心，以立德为根本”。2022 年 5 月 18 日，习近平总书记在给南京大学的留学归国青年学者回信中提出了“以报效国家、服务人民为自觉追求，在坚持立德树人、推动科技自立自强上再创佳绩，在坚定文化自信、讲好中国故事上争做表率，为全面建设社会主义现代化国家、实现中华民族伟大复兴的中国梦积极贡献智慧和力量”的殷切希望。

立德树人是高等教育始终要坚持的价值观和评价标准。高校必须坚持以育人为根本，而育人必须以德育为先。立足新时代、新要求，高校除了应坚持立德树人的根本任务外，还要依据新时期的发展特点，在立德树人的内涵上，对所立之德不断完善，抓好基层管理人员在实现立德树人的价值旨趣中的重要的引导和榜样作用。立德树人是高校的使命，高校基层管理人员所面对的是仍在成长中的大学生，这就要求高校在实施管理活动的过程中，将立德树人的内涵和要求融入具体的管理实践中，切实将立德树人作为基层管理人员的价值取向。

（2）守正创新

“守正”一词的含义为“恪守正道”，何为“正道”？对于高校基层管理人员而言，“正道”有两方面的含义：其一，指正确的政治方向；其二，指岗位职责规范。坚持正确的政治方向，才能树牢大局意识，围绕大局、服务大局发挥作用，进而察大势、观大局、谋大事。守正，就是要正本清源，一个时代有一个时代的多元现实，正本清源就是要旗帜鲜明坚持真理，坚守岗位职责规范。

“创新”是指以已有的思维模式提出区别于传统或常规思路为导向，充分利用现有的知识资料，在一定范围的环境体系中，秉承着理想化需求或为满足社会发展需求，而改进或创造新的要素、方法、机制、思路、环境等，并能获得一定有益效用的行为。在实际工作中，创新能够有效聚集创新资源和要素，突破各主体间的隔阂和掣肘，充分释放各主体之间的人才、经济资本、信息和技术等要素活力。很多人认为，教师才是高校创新的主体力量，而基层管理人员只需按部就班执行上级指令即可，实则不然。高校作为管理执行主体，在管理创新方面的总体目标是“有位”与“有为”，主要体现在两个方面：一是管理理念创新，所谓管理理念通常指的是一个人在管理过程中逐步形成的思想认识，创新的管理理念是推动管理工作“有位”与“有为”的先导，管理行为受其管理理念的指导；二是技术创新，科学技术发展日新月异，要善于运用信息化手段提升管理效能。当前推动教育数字转型是数字中国建设的重要战略任务，2022年，教育部决定全面实施教育数字化战略行动，教育数字化对教育的影响绝不仅是提高教育工作效率和教育质量，而是开创教育的新纪元。现阶段要特别关注如何通过数字治理来提升管理效能。高校基层管理活动要围绕着激发和调动人的积极性、主动性、创造性来展开，给个体以强烈的自主选择权和时代创新意识，最大限度地发挥基层管理人员的积极性、主动性、创造性。

（3）团结合作

所谓“合作”，从词源角度看，《辞海》中对于“合作”的阐述是指“在同一目标下，作共同的努力”，其中对“合作”一词的理解有四层意思：一是通力合作；二是共同创作；三是指共同演奏、合奏；四是指合乎法度的诗文。在《心理学大辞典》中，合作是“为了实现共同的目标，两个或者两个以上的个体相互协调配合共同完成的某一行为，代表了个体之间相互协作完成的最高水平的行为”。

合作共赢是当今时代占主导地位的战略思想。合作共赢意味着合作双方或多方在完成任务或谋求发展中，互惠互利、相得益彰，以谋求双方或多方的共同利益为根本原则。合作才能发展，合作才能共赢，合作才能提升。组织与组织、人与人之间，各种合作的需要越发迫切，合作的实践也越发普遍。

在党的二十大报告中，“团结”一词出现了14次，专门强调“团结就是力量，团结才能胜利”。对于基层管理人员，团结并不是“搞小团体”，而是互相补位、互相搭台，不只是做好自身岗位的工作，还要积极配合其他岗位人员，高校基层管理工作非常琐碎繁杂，并不能清晰划清每一个岗位的边界，很多工作都需要大家共同努力完成，所以团结合作的品质显得尤为重要。

3.专业标准

所谓“专业”，本意是指人们为获得报酬或谋生而从事社会活动的过程。《后汉书·献帝纪》中最早出现了“专业”一词，“今耆儒年逾六十，去离本土，营求粮资，不得专业”，其中的“专业”指专门从事某种学业或职业。在现代社会，随着社会生产力发展，社会分工不断细化，专业已经成为一种独特职业类型，具有系统化的规范和标准，需要特殊的智力来培养和完成，其主要目的在于向社会提供专门化的服务。

高校基层管理人员并没有强制性的专业标准，不同于医生、律师、会计、中小学教师等职业，必须持有专门的职业资格证才能从事相关职业；也不同于翻译、心理咨询师等职业，可以通过考级来证明其专业水平。换言之，高校基层管理人员没有强制性的从业“门槛”，也没有明确的专业等级，其专业水准只能依靠工作中的经验总结而形成的标准。高校基层管理人员常常被视作高校正常运行的润滑剂，其专业性对基层管理人员自身以及高校高质量内涵式发展起着非常重要的作用，比如：专门的知识和技能体系、规范的职业伦理道德等。通过这些专业技能的培养，从事该专业的个体能够实现由稚嫩到成熟、由新手到老手的“华丽”改变。

从专业发展维度看，一方面，高校基层管理人员理应同教学岗位人员、工勤岗位人员一样，具备系统、规范、专业的特点，需要经过专门的、定期的、长期的培养或训练，掌握高度细化且完善的专业知识、技能等。另一方面，专业标准并非达到一定程度就止步不前，而是终身发展。随着学习的不断深入和工作经验的积累，知识技能、工作态度、薪酬待遇、社会地位等都将逐步丰盈和提升。

虽然国家对高校基层管理人员虽然没有强制性的专业标准，但其专业标准是指向多个层面的，既有内在的动力因素，又存在外在的制约条件；既要立足于学校宏观发展层面，又要着眼于中观以及微观事务；不仅要关照到个人专业素质，又强调动态化的终身发展，多措并举才能实现由“职场小白”向“职场精英”的转变。

三、高校基层管理人员胜任力要素分析

“胜任力”概念在现代人力资源管理体系中得到广泛应用，公办普通高等院校是由国家或地方政府举办，属于事业单位，在国家事业单位分类改革中将高校划分为“公益二类”，其不以盈利为发展目的，其主要特征是向社会提供公益服务，由国家财政或地方财政予以资金保障，高校依法取得的经营性收入基本投入于公益事业。作为公益性的事业单位，其要求成员所具备的胜任力特征有其独特性。相较于企业，高校基层管理人员胜任力体现出不同的要素。

前面已经提到，高校基层管理人员身兼管理者、教育者、服务者三重

身份，面对日益繁复的工作任务，个体时间精力是有限的，如何将有限的资源精准投入、合理组织、有效利用，提升高校基层管理人员的工作效能，此乃在实践中迫切需要解决的重要问题。基于麦克利兰教授提出的胜任力冰山模型，结合高校基层管理人员胜任力模型的政策导向、价值取向以及实际工作中的需求，下面逐项分析其胜任力要素。

1. 知识

对于高校基层管理人员来说，所需要的知识可以从两个层面来谈。一是基础知识。既然高校基层管理人员是管理者、教育者，就应该普遍具备一定的管理学、教育学相关知识，不一定要从事专业研究，但也要有所涉猎，具有基础性知识储备。二是岗位知识。根据岗位的不同，高校基层管理人员还应该掌握不同的专业性知识，比如：党务工作人员应具备党的基本理论知识；财务、审计等部门工作人员必须具备财务专业知识；法务岗位的人员应该具备相关专业背景并通过国家司法考试等。

2.技能

对于高校基层管理人员来说，必备技能可以分为两个层面：一是可以直接习得的技能，包括文字表达能力、现代办公软件使用能力等，这些技能可以通过入职培训、专门讲授来实现；二是需要经验积累而获得的技能。这些技能仅凭直接学习是无法获得的，需要长期的经验积累和个人总结提升才能获得，比如：组织协调能力、分析研判能力、沟通表达能力以及应急处置能力等。

3.角色意识

高校是一个复杂的系统，作为拥有管理者、教育者、服务者的“三重”身份的基层管理人员，需要结合具体的管理情境对高校内部的人、财、物进行合理调配，才可以实现管理目标。因此，高校基层管理者要充分认识到自身在学校事业发展中的意义和价值。其一，身份认知。高校基层管理人员要在高校事业发展的过程中找准自己的位置，在蒲实、陈赛等著的《大学的精神：教育是让一个人成为最好版本的自己》一书中提出：“一个受过教育的人，必须理解自己以及自己在世界中的位置—文化的与自然的—从而追求一种富有意义的人生”。基层管理人员要找到在高校中的定位，并根据工作定位做到补位而不越位。其二，责任意识。作为高校基层管理人员不仅要明确自己的身份，还要敢于承担相应的责任。作为管理者，要承担起职责范围内的管理责任；作为教育者，要承担起管理育人的责任；作为服务者，要夯实工作职责，强化服务意识，服务好师生。

4.性格品质

高校基层管理人员既要面对很多琐碎的、周期性的、机械的工作内容，又要应对一些突发、偶然事件，需要跟形形色色的师生打交道。在情绪管理和心理建设方面，既需要克服因长期重复劳动所造成的厌倦情绪，又要能够控制突发事件所引起的焦躁情绪等。总之，高校基层管理人员作为学校的一个窗口，需要情绪的稳定性、抗压能力、踏实的工作态度等，性格品质不宜过于冒进急躁或者急于求成。同时，高校作为一个教育与学术组织，绝非一个简单的组织或者制度体系，更是一个文化社群。基层管理人员作为高校内部各种教育活动的组织者和协调者，“单打独斗”绝非良策，要具有团结合作、互相帮助、互相补位的意识，过于孤僻、内向或者冷傲的性格品质显然不适合该岗位。

5.价值观念

由于教育过程的多样、多变和多维，教育呈现出某种程度的难以控制、无法计划和不可预测等特性。正因为教育具有不确定性，使得高校基层管理人员经常要对工作中的问题做出判断与决定，许多判断与决定属于价值观层面的选择问题，而不属于是非对错问题，并不是“非黑即白”，因此不能盲目决策。高校基层管理人员在进行管理时，特别是管理对象是学生时，不能只进行事实判断，还需要进行价值观的判断。教育是价值观高度涉入的过程，价值判断要以对事实的正确认识为基础，使主观判断力求与客观事实相符，在确保处事公平公正的同时，又能兼顾学生的身心健康的长远发展。作为高校基层管理人员胜任力要素的价值观念主要包括职业价值观、人生价值观等。

6.工作动机

动机是指高校基层管理人员的工作内驱力，也是高校基层管理人员胜任力的重中之重。高校基层管理人员在工作时所产生的想法直接影响着工作质量。在《心理学大辞典》中，按照引起动机的原因将动机可以分为内在动机和外在动机。内在动机由机体自身的内部动因所形成，如激素、中枢神经的唤起状态、理想、愿望等；外在动机则由有机体的外部诱因所形成，如人员、资源、金钱、奖惩等。诚然，动机无绝对的高低之分，无论是生存、名誉、利益，抑或是兴趣、爱好，乃至学校发展、教育事业发展等，只要合理，都要理性对待、科学处理。

基于以上要素，笔者建构了一个多维度、全方位的高校基层管理人员胜任力模型，如表 2–1 所示。

表2–1　高校基层管理人员胜任力模型

高校基层管理人员胜任力要素	知识	基础知识
		岗位知识
	技能	直接习得的技能
		需要经验积累而获得的技能
	角色意识	身份认知
		责任意识
	性格品质	情绪稳定性
		抗压能力
		团结意识
	价值观念	人生价值观
		职业价值观
	工作动机	内在动机
		外在动机

在此模型中，知识和技能属于显性特征，角色意识、性格品质及工作动机则属于隐性特征。

高校管理的复杂性和权变性对高校基层管理人员提出了越来越高的要求：具有专业的管理理念、良好的素质修养、明确的角色意识、广博的知识基础、专业的技能，能够在工作中发挥自身的主动性、不断改革与创新，从而确保高校管理目标的实现。

四、高校基层管理人员胜任力现状及存在问题

依据高校基层管理人员胜任力模型，对标对表高校基层管理人员现状，可以发现基层管理人员队伍建设中存在的问题。

1.知识和技能有所缺失

据笔者对十几所普通高等院校的统计，各高校在聘用基层管理人员时都有一定的学历学位要求，除个别专业性极强的岗位外，大部分岗位的人员都要求具有硕士研究生及以上学历，有些专业性较强的岗位则要求具有博士研究生学历。目前高校基层管理人员中，具有本科及以上学历的人员所占比例普遍不低于85%，35岁以下的基层管理人员中硕士研究生所占比例均超过80%。其中，负责学校发展规划、教师职业发展等职能部门的基层管理人员普遍具有博士研究生学历。由此可见，高校基层管理人员是一支具有高学历的人才队伍，在入职前就具有一定的专业知识和必备技能。

在高校基层管理人员招录过程中，高校普遍对学历有要求，但是对专业领域的要求并不高，很多基层管理人员都不是管理学、教育学专业毕业，上岗前缺乏必要的教育理论知识和管理技能，很多特定岗位所需技能也掌握得不够熟练，主要表现为：一是在工作中缺乏“管理育人”的意识，管理领导的能力比较弱，工作方式方法较为单一；二是有些岗位必备的技能未能熟练掌握，岗前培训不到位、不及时，未能很好地适应岗位需求，导致工作效率低下、工作态度较为消极。

2.角色意识存在偏差

对于高校管理人员而言，其角色意识涉及多种维度，包括角色期待、角色认同、角色模仿、角色扮演以及角色发展等，角色发展与专业发展密切相关。高校基层管理人员只有拥有自觉的、明确的角色意识，才能够主动地、有针对性地推进其专业发展。一个人选择高校基层管理这个岗位，在择业过程中，会有一定的想法和偏好，对此岗位应该有一定的理解。

但是，很多基层管理人员入职后，一方面，原有角色转变不过来，不能很好地适应管理者、教育者和服务者的身份。比如：应届毕业生摆脱不了学生身份，军转干部不能摆脱军队管理模式等。另一方面，对高校基层管理人员的角色理解有所转变，从而导致角色认同出现偏差，找不到角色发展的方向。比如：原来在学校学习时，觉得负责排课、排考试的老师拥有决定权，但入职后，才发现排课、排考试时间的权力在学院或者任课老师，自己只不过是机械的执行者。角色期待与原来的“美好”设想不一致，导致对角色认知出现偏差。

3.性格品质需要转变

管理学大师明茨伯格在《管理工作的本质》一书中总结了管理工作的十大特征，其中的两个特征就是“与其他工作相比，管理者的工作活动短暂、多样、零碎，被打断是常有的事”和“管理者的工作环境是‘刺激—反应’型的，他在工作中形成了明显的即时行动的习惯”。高校基层管理人员要面对复杂繁重、机械枯燥的工作任务，情绪和心理调适尤为重要。高校基层管理工作任务单调、琐碎、繁重，长期从事此类工作，会使人很容易产生厌烦、无聊，甚至绝望的情绪，导致基层管理工作人员不能充分地体现出自身工作的价值。

每个人都有自己的特质，美国帕森斯教授提出了“特质因素论”，他认为，每个个体都具有稳定的特质，每一个岗位亦有一组稳定的任职条件（因素）。所谓特质，就是指个体的人格特征，包括但不限于能力、兴趣、价值观和性格等。中国研究者罗双平在《职业选择有道可循》一文中将“特质因素论”分为个别差异，即强调个体人格特质的不同以及自我了解的重要性；工作条件的认识，即每一份工作都有特定的任职条件要求，因此对任职条件的认识是选择职业的必要条件；个人特质与工作条件的配合，即认为最佳的职业选择是个体人格特质与任职条件两者的紧密配合。也就是说，性格对于从业选择有很大影响。美国霍普金斯大学心理学教授霍兰德提出的职业兴趣理论，该理论具有极高的社会影响。职业兴趣理论认为：个人的兴趣组型就是人格组型，也就是说，同一个职业团体内的人有着相似的人格。为此，霍兰德将个体类型划分为六种人格类型：狂会型、企业型、常规型、实际型、调研型和艺术型。霍兰德认为，某种人格类型的劳动者应与其相同类型的职业相结合，即做到“人格—职业匹配”，劳动者也能够充分调动自己的积极性，发挥自己的才智。

依据以上理论，高校在选聘基层管理人员时，不仅要考察求职者的素质和能力，同时还要关注求职者对本岗位的职业兴趣，即是否真的热爱这份工作。基层管理人员既是管理者，又是教育者、服务者，这是一项需要付出和奉献的工作，需要极大的热情和耐心。在工作中，尽管一个人在能力方面可以胜任和完成本岗位工作，但是如果对工作缺少必要的责任感和奉献精神、对学生的成长成才缺乏期待、对立德树人工作没有激情和动力、对教育事业缺乏担当精神和创新意识，一定很难出色地履行好岗位职责。只有那些真正热爱学生、热爱工作、热爱我国高等教育事业的基层管理人员才能对工作投入更多的精力、付出更大的努力，才能形成积极的工作价值体验，从而创造出更高的工作绩效，并在此基础上创造性地改进工作。在个体的情绪和身体方面，繁重的工作强度使基层管理人员感受到更多的压力，进而导致他们不可能把更多的时间精力运用在专业知识的提升上，从而使基层管理人员对自己的角色认知不准确，进而导致高校基层管理人员产生一定的心理失衡。有些时候，某些突发事件的发生也严重考验着基层管理人员的应变能力和抗压能力，具有强大的心理调试能力、应急处突能力至关重要。

4.价值观念有待提升

高校基层管理人员的价值观念渗透于决策实施的每个环节。在实际工作中，基层管理人员总是自然而然地率先用个人的价值观念去衡量、计算、评价、裁定管理过程中的一切现象，以审判的态度去处理基层管理活动中面临的所有问题。究其根本，高校基层管理是对人的管理，要求以师生为本。立足价值观念的角度，基层管理人员的个人价值观不同，内心所坚守的原则有差异，则其采取的管理措施、方式必然有所不同，从而对人的工作原动力产生不同的影响，从根本上影响着管理价值目标的最终形成以及达成情况。

当前，有些高校基层管理人员未能树立以师生为中心的价值观念，甚至将管理服务对象置于被动地位，机械地照章办事，存在“官本位”倾向，往往给管理服务对象一种情感淡漠的感觉，长此以往不利于工作开展。此外，基层管理人员的价值观念的正确与否决定了其评价工作的成败得失。如果基层管理人员秉承着积极向上的价值观，则会对各方面的工作做出积极且正面的评价，更能够辩证地看待问题，从而有益于后续工作的健康有序运行；反之，则会导致对教育工作的消极且负面的评价，容易以极端的态度看待问题，以致将后续工作引入错误的方向。

5.工作动机亟待内化

每一个外在行为的发生，都需要通过动机激发、表现出来，行为和动机的关系是非常紧密的，存在一定的因果联系。一种行为的产生多是内在动机和外在动机的联合；内在动机是基于个体的自身心理需求，其根据工作特点的不同而有所差异，内在动机能够产生激励效果，但不属于物质奖励。外在动机较注重外在的认同感，追求实实在在的工作回报。拥有强烈内在动机的人，其工作目标格外关注工作自身，关注精神层面的需求，注重自身的兴趣爱好以及工作成就感等，工作目的不仅是为了物质上的回报，更多的是精神层面的投入等。

很多高校基层管理人员选择本职业的主要原因是求稳定、低风险，可以“旱涝保丰收”，并非基于对本岗位的热爱，缺乏必要的内在动机。此外，高校行政管理系列与公务员职级制有相似之处，有些人把工作当成了自身晋升的通道，没能考上公务员，可以通过做一名高校基层管理人员“曲线救国”。工作动机要么是求生存，要么是求升官，都是以外在动机为主导，缺乏更高层次的内在动机，未能把自身工作与立德树人、管理育人有机联系起来，未能与大学治理能力和治理体系现代化的目标结合起来。

基层管理人员胜任力要素，作为高校基层管理人员能否有效胜任基层管理工作的深层特质，能够为破解基层管理人员建设困境和扭转不科学的教育评价导向提供创新思路。首先，胜任力要素可以提升岗位的匹配度。基于胜任力要素可以提高“人才筛选”的精准性与成功率，为“选对人”提供客观化依据，使基层管理人员的人才选拔机制更加科学合理。其次，胜任力要素可以指明基层管理人员的专业发展方向，基于胜任力要素的高校基层管理人员专业发展，能够以自评与他评相结合的方式，获得清晰明确的专业培训内容，形成针对性的需求诊断，制定指向性的发展晋升路径，进而帮助基层管理人员个体弥补职业素养上的不足。最后，胜任力要素可以规范高校基层管理人员的考核评价，基于胜任力要素的基层管理人员考核评价，可以通过自我评价、综合评价的方式，弥补无法量化考核的缺陷，进一步完善奖惩激励机制，从而达到综合化、全面性、激励式的全面评价。

五、基于胜任力要素的高校基层管理人员分类

前面已经说到，知识和技能属于显性特征，本书统称为“技能”。而角色意识、性格品质及工作动机属于隐性特征，本书统称为“认同”。基于胜任力要素，将 X 轴表示为技能，Y 轴表示为认同，在此基础上，将高校基层管理人员的特征分为四个象限，即分为四类，如图 2–3 所示。

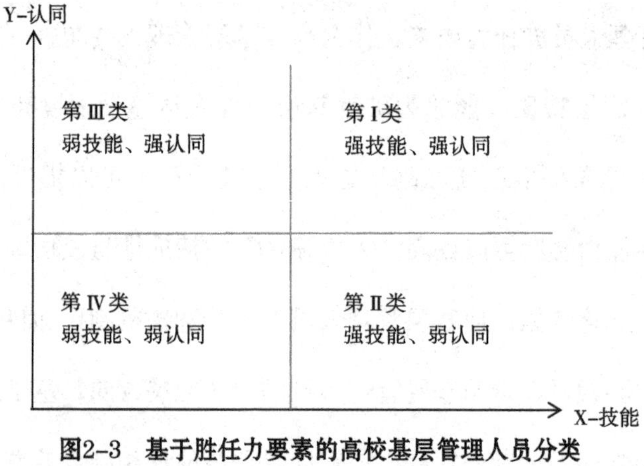

图2–3　基于胜任力要素的高校基层管理人员分类

1.第Ⅰ类，强技能、强认同

在高校实际工作中，这类基层管理人员往往都是各部门的骨干力量，也是中层干部的重要后备力量。这类人有着强烈的身份认同，有工作热情、育人意识、服务态度，也具有较高的知识和水平，常常给人一种积极向上又踏实放心的感觉。这类人通常专业技能较强，对自身职业发展具有一定的追求，也愿意为之付出努力，他们能够发现工作中的问题，但是受限于眼界、立场等原因，解决问题的能力还需进一步加强。

针对“强技能、强认同”的基层管理人员，一方面，要多措并举，使其保持这种“双强”状态；另一方面，要充分挖掘其内在工作动机，明晰其发展方向，使个体发展目标与岗位发展目标、部门发展目标以及学校发展目标同向同行、同频共振。

2.第Ⅱ类，强技能、弱认同

在高校实际工作中，这类基层管理人员在某方面或者某些方面具有良好的知识水平或专业技能，但是缺乏对基层管理人员的角色意识。在笔者前期的访谈中可知，类似问题在当前基层管理人员群体中比较普遍。因为高校基层管理人员大多都具有硕士及以上学历，具有其擅长的专业研究领域，也有着较好的综合素质。但是，由于日常工作与之前所学专业关联不大，加之对基层管理人员的身份不认同，从而导致工作的积极性不高、自主性不强，创新意识缺乏。鉴于自身的知识技能，总处于舒适区的自在学习状态，不愿意有所突破，有些人则利用所学专业搞副业或另谋发展。

针对“强技能、弱认同”的基层管理人员，必须有针对性地取长补短。一方面，强化其身份认同，先弄清缺乏其身份认同的缘由，再让其明白高校基层管理岗位的重要性与实际价值；另一方面，充分发挥其技能优势，让其在工作中找到获得感、成就感，从而激发其工作热情与潜力。

3.第Ⅲ类，弱技能，强认同

在高校实际工作中，这类基层管理人员最容易被领导忽视，他们有着极强的身份认同感，也拥有工作热情，但是由于自身知识水平或工作能力所限，往往是“出力不讨好”。常常是花费了大力气去做某些事情，却往往与学校发展、师生需求相背离，这类人一直追求职业发展，但却只能一直处于低层次发展状态，日复一日的重复劳动却发现不了工作中存在的问题，更提不出有效的解决方案，将自身深陷于“内卷”的怪圈不可自拔，每天都忙忙碌碌，却经常是重复劳动，收获甚微。

针对“弱技能、强认同”的基层管理人员，最需要的就是自身综合能力的提升。需要注意的是，自身综合能力的提升不仅是知识和技能的提升，关键是工作方法的提升。“授人以鱼不如授人以渔”，要真正意义上改变“弱技能”的现状，改进工作方法、拓展工作思路是必由之路，及时调整思维惯性才是根本之路。

4.第Ⅳ类，弱技能，弱认同

在高校实际工作中，这类人员往往并不多见，但这类人也是“难啃的硬骨头”，他们缺乏必要的工作技能，更缺乏工作热情与积极性，工作中处于老化或者守旧、固定思维状态，基本上选择“躺平”。值得注意的是，对于这类基层管理人员，如果采取放任不管的态度，很容易将消极的工作状态传递给周围的工作人员，极易造成恶性循环。

针对“弱技能、弱认同”的基层管理人员，应该因人而异采取强制性的手段予以改进。首先，强调因人而异。对于一些因身体、年龄等客观因素造成“弱技能、弱认同”的基层管理人员，应该本着以人为本的原则给予宽容的态度、人性化对待。而对于能干却不好好干、“身在曹营心在汉”的基层管理人员，则必须采取行之有效的强制性手段，比如：建章立制加强考核，根据考核结果进行奖励与惩戒、建立必要的淘汰机制等。

以上基于胜任力要素，只是对高校基层管理人员进行了大致分类，其中“强”与“弱”都是相对而言的。就个体来说，“强”是指相较于某一方面，另一方面更占优势；就群体整体来说，“强”是指高于一所高校基层管理岗位的平均水平，同理，“弱”是指低于一所高校基层管理岗位的平均水平。

通过建构高校基层管理人员胜任力要素模型，基层管理人员便可以根据胜任力要素需求进行有针对性的提升与改进。

第三章
高校基层管理人员的需求层次分析

何为“需求”？在《现代汉语词典》中，“需求”一词有“索取，求索；需要，要求”等释义。从马克思的政治经济学角度来看，“需求”是“需要”和“购买能力”的结合体，也就是个体有需要这方面的欲望，并且个体有一定的购买能力能满足这种需要。也就是说，需要是需求的必要前提，有什么样的需要就会相应产生什么样的需求。“需求”的内涵则更多地强调“求”，产生“需要”的主观感受后就要去付诸实践，能够立即执行、及时行动。

在日常生活中，需求作为个体内心的主观感受，是指个体在某种有用或者必不可少的事物缺乏或是被剥夺时的一种正常的心理状态，有长期需求，也有短期需求、瞬时需求。需求是个体发挥主观能动性的源泉和动力，更是个体对自身生存和发展所达到理想状态的渴求或期望，既是一种内在的“心理暗示”，也是一种外在的“行为反应”。

高校是由真实存在的人构成的，高校基层管理人员不是机器，每个人都是“有血有肉”“有独立思想”的人，不同的人有不同层次的需求，既可以抽象化、概括化群体的需求，也可以因人而异形成个体的需求。

一直以来，马斯洛需求层次理论被视为分析人的动机的一种理论，有需求才会出现动机。因此，可以通过马斯洛需求层次理论来有针对性地分析高校基层管理人员的需求层次，从而有效激励个体或者群体产生一系列的行为反应，进而达到满足的心理及生理状态。

一、马斯洛需求层次理论

1943 年，美国心理学家亚伯拉罕 · 马斯洛提出了需求层次理论，是现代行为科学研究的重要理论基石。马斯洛认为，人类需求可以依照重要程度依次划分为五个层级：生理需求、安全需求、爱与归属需求、尊重需求和自我实现需求。这五种需求是由低到高逐步上升的，其需求层次如图 3–1 所示。

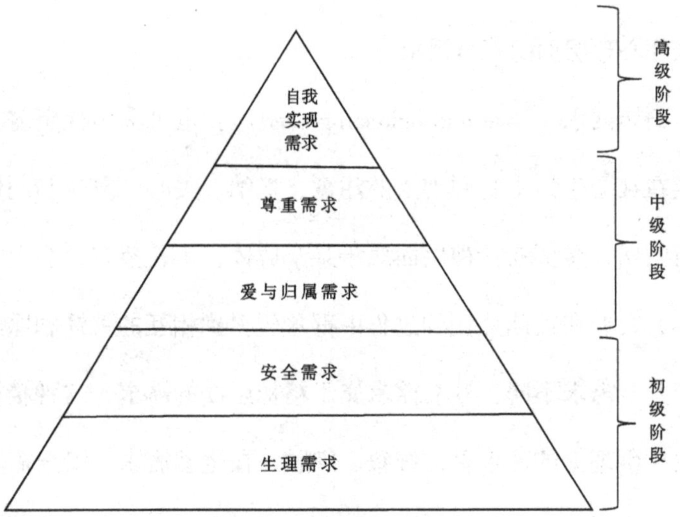

图3–1　马斯洛需求层次

生理需求（Physiological needs）：包括对水、呼吸、睡眠、食物、生理平衡、性的需要，也有学者概括为对衣、食、住、行等的需要。马斯洛认为，这是人类为了维持其生命最基本的需要，也是需要层次的基础。换句话说，它是人类维系生命存在所必需。马斯洛在《动机与人格》一书中强调，“假如一个人在生活中所有需要都没有得到满足，那么是生理需要而不是其他需要最有可能成为他的主要动机”。由此可见，从某种角度而言，生理需求是推动人的行为最基本，也是首要的动力。

安全需求（Safety needs）：主要包括人身安全、健康保障、资产所有权、道德保障、职业发展保障、家庭安全等，是在满足生理需求之后所追求的下一层次的需求。马斯洛认为，人的整个机体就是一个趋利避害、追求安全的机制，人的感受器官、效应器官是寻求安全的工具；人类先天的感受器官、效应器官，甚至包括人类后天逐渐形成的人生观、价值观，都是安全需求的表现。通常情况下，安全需求包括两个层面，即硬性层面的安全需求和心理层面的安全需求。

爱与归属需求（Love and belonging needs）：也可称为社交需求，是指个体希望在社会生活中受到别人的注意、接纳、关心、友爱和同情，在情感上有所归属，希望在精神层面属于某个群体，不希望在社会上成为离群的孤鸟等，人们在彼此交往的过程中都希望得到相互的关怀和照顾。与生理需求和安全需求不同，社交需求属于精神层面的需求，这种精神层面的需求往往比生理上的需求更加细致、细腻。在生理需求、安全需求得到满足后，人开始渴望更高层次的需求，在心理层面表现出更多的情感交流欲望，爱与归属需求是指通过与他人沟通交流或者建立某种联系来确认某种社会关系。

尊重需求（Esteem needs）：尊重的需要有内部尊重和外部尊重的区

分。内部尊重源于自由、独立、自主、自信以及在各种不同情境之下有实力、能胜任的底气。外部尊重源自他人对自己的地位、信任、权威和评价。一方面，人们希望自己具有实力、自由、独立等特征，感到自己存在的价值，从而产生自尊心、自信心；另一方面，人们也希望得到社会认可、他人崇拜，希望有好的名誉、地位、声望等，希望受到他人的尊重。但是，在实际生活中，尊重需求很难得到完全满足。而马斯洛认为，若尊重需求得到满足，能使人对自己充满信心，产生一种自豪感，从而对所从事的职业满腔热情、积极进取，体验到自身的价值。

自我实现需求（Self-actualization needs）：实现个体价值、获得成就感、满足成功欲望是每一个人潜意识里对自我定义的最高境界。人都要求从事自己所希望的事业，并从事业的成功中得到内心的满足。人们都希望自己从事与自己能力相称的工作，从而最大程度地发挥自己的作用。这是人类最高层次的需要，在自我实现的过程中，人们会尽全力发挥自己的能力，充分展示自己的能力、水平、才华，努力去实现个人理想与期待，去完成与自己的能力相符合的一切事情，达到自我实现的境界，在此过程中，解决问题能力增强，实现个人综合素养的主动性提升。

针对马斯洛需求层次理论，学者们有不同的分类。一是依据需求的发展阶段而分为三类：生理需求和安全需求为初级阶段的需求，爱与归属需求和尊重需求为中级阶段的需求，自我实现需求为高级阶段的需求。二是根据满足需求的条件而分为两类：生理需求、安全需求、爱与归属需求属于低层次的需求，这些需求通过客观的外部因素就可以得到满足，比如：

环境、资产等；而尊重需求和自我实现需求则属于高层次的需求，通常需要通过内部因素予以支撑才能得到满足，比如：精神、态度、心态等。此外，刘烨在所著的《马斯洛的人本哲学》一书中指出：在自我实现需求之后，还有自我超越需求（Self-Transcendence needs），但通常不作为马斯洛需求层次理论中必要的层次，大多数学者会将自我超越需求合并至自我实现需求当中，本书亦不赘述。

二、基于需求层次理论的高校基层管理人员的需求表现

高校基层管理人员身兼管理者、教育者和服务者三重身份，针对不同的身份，有着不同的需求，下面基于马斯洛需求层次理论予以分析。

1. 高校基层管理人员的生理需求及表现

作为人们最原始、最基本的需求，生理需求若未得到满足，就会有危及生命的危险，随着时代的发展与进步、社会的不断和谐等因素，人们对生理上的需求应该说是有了不一样的要求和理解。一方面，高校基层管理人员从事本岗位的最直接目的，也是最基本的目的就是获得薪资，以满足其衣、食、住、行的基本生理及物质需求。另一方面，高校基层管理人员在履行岗位职责时，还需要必备的办公条件及设备保障，目前比较突出的

问题是硬件上的提升与软件上的更新换代问题。生理需求作为个体不可避免的最低等级的需求，目前是推动高校基层管理人员实施具体行动的最强大、最有效的动力，不可忽视。

2. 高校基层管理人员的安全需求及表现

高校基层管理人员的安全需求主要是希望在工作过程中得到认可，并有稳定预期。M. 斯科特·派克在《少年人走的路》一书中说过："人生的唯一的安全感，来自充分体验人生的不安全感"，从个体心理层面来看，能够获得与岗位相关的知识技能培训，使个人技能提升获得保证，同时还要敢于跳出日复一日的规律劳动，有创造性地改进工作。从硬性层面来看，能够有明确的政策导向、完备的体制机制，以保障工作的稳定性。作为高校基层管理人员，肯定希望自己所处的环境是稳定的、和谐的、积极的，自身的技能能够胜任工作要求，政策导向、体制机制能够确保较为稳定的工作状态。

3. 高校基层管理人员的爱与归属需求及表现

高校基层管理人员作为管理者、教育者、服务者，理应在管理实施过程中感受到别人的接纳与认可。一方面，他们需要管理对象的理解与接纳，只有相互理解，才能换位思考、相互配合，更好地推进工作；特别是当一个人的爱与归属需求提高时，则会更加渴望与他人建立关系、寻求归属。另一方面，高校基层管理人员更需要本群体之间的相互接纳，类似的岗位经历、情境遭遇更容易相互之间产生共鸣、更能够相互理解。此外，从工作方式上来说，高校基层管理人员之间不应该以竞争关系为主导，而应该以合作关系为主导，合作才能实现共赢。

4. 高校基层管理人员的尊重需求及表现

高校基层管理人员的尊重需求是指在工作过程中，能够自我认可，并得到外界尊重，除了物质保障及奖励以外，还需要诸如荣誉表彰、先进事迹宣传等精神激励。在自我认可方面，基层管理人员要加强身份认同，不能自大，也不可妄自菲薄；在外界尊重层面，高校要重视、关注基层管理人员的作用及发展问题。总结归纳而言，高校基层管理人员的尊重需求具体体现为两个方面：一方面是自我尊重，是通过社会层面的相互比较而形成的，是个体对其在社会中的角色、地位等进行自我评价的结果，主要表现为自我保护以及对自己的综合价值的肯定，同时还包括要求他人、集体和社会对自己尊重的期望；另一方面是他人的尊重，包括领导的接纳程度、家长与学生的尊敬程度、教学及服务工作带来的成就感、学校制度的公平性感受等。两个方面的尊重需求同等重要，缺一不可，必须要协同推进。

5. 高校基层管理人员的自我实现需求及表现

关于自我实现，马斯洛在《自我实现者的创造力》一书中强调“自我实现的创造性首先强调的是人格，而不是其成就，认为这些成就只不过是人格放射出来的副现象。因而对人格来说成就是第二位的。自我实现的创造性强调的是性格上的品质，如大胆、勇敢、自由、自发性、明晰、整合、自我认可，即一切能够孵化出这种普遍化的自我实现创造性的东西，在创造性生活中那些表现自身的东西，或者说强调创造性的态度，创造性的人。”对于基层管理人员来说，自我实现的前提和基础是自我认可，在自我认可的前提下，充分发挥其主观能动性，必然能够完成自我实现的飞跃。当然，实现飞跃的方式有很多，其中最为有效也是最为关键的方式就是创新。创新是当今这个时代各个行业都在讨论的热点，创新思维也应该是对高校基层管理人员的基本要求，也是一种责任，更是自我实现的必要手段。同时，高校基层管理人员通过创新理念、创新手段、创新方法进一步提升其自我认可的能力。

综上所述，高校基层管理人员的实际需求既具有普遍性，又体现出其职业特色、专业特点，有些需求可以通过外部条件直接满足，有些需求则要通过激发内在因素予以间接满足。基于马斯洛需求层次理论，可以将高校基层管理人员的需求大致划分为以下几个层面，如图 3–2 所示，其中生理需求、安全需求及爱与归属需求可以通过完善政策激励保障、优化人、财、物等资源配置、加强岗位技能培训、加大宣传解释力度等外部手段得以满足实现，而尊重需求、自我实现需求这类高层次需求，则需要激发个体及群体内在因素才能予以满足。

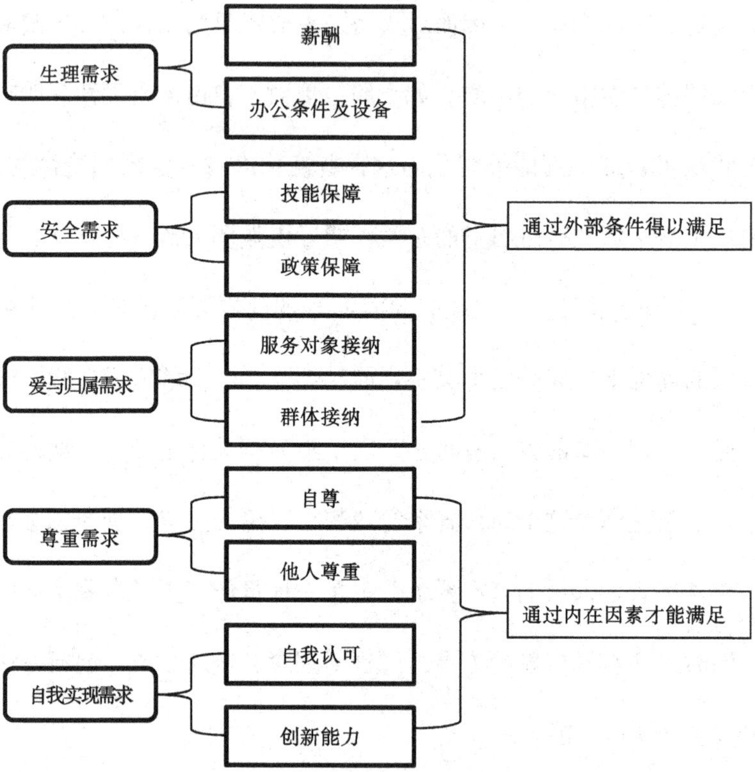

图3-2　高校基层管理人员的需求

三、高校基层管理人员的需求层次分析

人的所有活动都是为了满足自身的需求，有时是一种需求，有时则是多种需求叠加，需求是个体行动的出发点和动力源泉。需求是一切生命个体的本能，人的需求主要表现为物质需要与精神需要并重、劳动创造与满足需要相结合、需要与发展相互促进三个特征。基于以上需求层次分析，可以将高校基层管理人员的需求总结归纳如下。

1. 具有追求合理的薪资需求

物质保障是维持人的基本生存的必要条件、是人“活着”的必备条件，而优越的物质保障是人们获得高品质生活的重要条件。根据前期访谈可知，大部分基层管理人员认为目前的工资待遇呈现出付出与收获不成正比的态势，且享有的福利待遇也较少。企业中，员工加班还有加班费、干得好还有奖金，而大多数高校基层管理人员加班加点成常态，却很少有人关注其加班费问题。很多基层管理岗位都要求手机 24 小时保持畅通，确保遇到处理突发事件时，能够做到随叫随到，随后应答，却很少关注到基层管理人员的交通费、加班餐费、通信费等问题，甚至一些正常的交通费用报销也会受到阻碍。

2.具有获得公平的职业需求

高校基层管理人员在基本物质需求得到一定满足之后，转而关注精神层面的需要，多注重从内心体验和知识升华两方面来塑造职业成就感。2000 年 6 月，中组部、人事部、教育部三部委联合出台了《关于深化高等学校人事制度改革的实施意见》，提出：“进一步强化竞争机制，改革固定用人制度，破除职务终身制和人才单位所有制，按照‘按需设岗、公开招聘、平等竞争、择优聘用、严格考核、合同管理’的原则，在高等学校工作人员中全面推行聘用(聘任)制度。”虽然文件中强调“竞争”“考核”，但在现行薪酬分配制度中体现不出区别，考核结果导向并不明显。无论付出多少收获都一样多，缺乏必须的“公平”，对其职业发展极其不利。

3. 具有获得公正的价值需求

高校的每个岗位制定了明确的岗位职责，但是当前普通高等院校对基层管理人员工作的评价名义上是根据岗位职责进行考核，实际上大多是形式上的考核。考核基本上以年度为周期，也有部分高校以学年为考核周期，考核程序通常是个人述职、部门员工推优、部门领导班子集体研究决定等，最终确定基层管理人员的考核结果。通常按比例推荐几名“优秀”人员，其余大多数人员为合格。这样的评价手段不仅无法客观且科学地反映出基层管理人员平时的工作态度、管理水平、整体工作能力，还带有明显的主观倾向。为了平衡关系，部门领导多怀着“大家都不容易”的心态，秉承着“老好人”的心理，以“排排坐、分果果”的方式推荐评优，这样的评价体系滋生了一种“干多干少、干好干坏都一个样”的不良工作氛围，不仅严重损害了那些工作认真负责的基层管理人员的工作积极性，更在一定程度上打压了基层管理人员积极进取、不断提升个人综合实力的主动性。

4.具有获得多渠道发展的需求

高校基层管理人员在专业技能提升方面明显存在着短板，因工作性质需要，必须要严格按照规定时间上班、下班，工作时间相对固定，工作内容往往是处理零散的事务性工作，工作性质导致他们不可能像专任教师那般潜心研究工作，导致专业职称晋升的条件很难达到。而基层管理人员在职务晋升方面也面临着激烈的竞争，由于每个高校中层干部的职数是有限制的，而基层管理人员的基数较大，能在职务上晋升的人也是少之又少。对于基层管理人员来说，职称晋升标准太高、职务晋升通道太窄，二者都面临着很大的挑战和未知性。高校基层管理人员普遍具有硕士研究生及以上学历，对自身职业发展有需求、有期待，因此有待于进一步拓宽晋升渠道，满足他们的职业发展需求。

通过前期的访谈可知，从某种程度上来讲，高校基层管理人员的精神需求更加丰富、主观意愿更强，且个体需求层次更高，主要是因为他们有着较强烈的实现自我价值的需要，因此，高校要更加重视精神激励。

四、高校基层管理人员的需求与权利的区别

谈及高校基层管理人员的需求，还有一个概念应当有所重视，即权利。“权利”作为一个法律用语，专指公民依法应享有的权力和利益，或者法律关系主体在法律规定的范围内，为满足其特定的利益而自主享有的权能和利益，“权利”与“需求”有本质上的区别，但是在实际工作中，两个概念经常被混为一谈。特别是高校基层管理人员的需求与权利，二者在范畴上有交叉，但其具有本质上的区别。

1999 年 1 月 1 日起施行的《中华人民共和国高等教育法》第五十条明确规定：“国家保护高等学校教师及其他教育工作者的合法权益，采取措

施改善高等学校教师及其他教育工作者的工作条件和生活条件”。高校基层管理人员作为教育工作者，国家有义务为其提供必备的工作条件和生活条件，这与其自身的生理需求有相似之处，必备的工作生活条件既是其应该享有的权利，又是最基本的需求。

范进学在其所著的《权利政治论》一书中指出，“权利的本质与意义不在于法律文本上的客观宣告，而在于权利的主观行使与实现”。在法律文本上规定的权利只有转化为权利人的实有权利，才能真正达成保护权利人相应利益的目的。权利是指为道德、法律或习俗所认定为正当的利益、主张、资格、力量或自由。需求是指需要、要求。权利是从国家层面能够得到保障的，而需求则是高校根据实际情况为基层管理人员提供满足的。换言之，基层管理人员可以通过申诉、诉讼等方式主张权利，但不能通过以上方式主张需求。

虽然需求没有强制性，但高校若能有针对性地合理满足高校基层管理人员不同层次的需求，能够有效规避需求失衡带来的危害，从而更好地提高基层管理人员的工作效能。

五、高校基层管理人员需求失衡的表现

根据前期访谈结果及马斯洛需求层次理论，笔者将高校基层管理人员的需求失衡表现进行了大致分类。

在生理需求层面，工资无疑是最主要的需求。虽然不少高校都实施了绩效工资考核分配体系，但考核体系的指向性并不明确，基层管理人员获得的薪酬、福利等待遇并不是按照个人的工作成绩作为标准的，而是以职级、工作年限等作为个人待遇的重要依据。也就是说，基层管理人员要想实现工资的增长，职级晋升是最直接最有效的途径；而在同一职级、同样的工作年限，工资金额基本一致，呈现“干多干少一个样，干好干坏一个样”的现状。另外，办公资源分配基本上也是按照职级分配的，办公室面积、设备配置等都按照级别配备，很多基层管理人员的计算机都是“超龄服役”，设备运转缓慢，一定程度上导致了工作效率低下。

在安全需求层面，高校基层管理人员的不安全感主要产生于两个方面，其一是由于担心自身能力无法适应岗位需求所产生的不安全感。基于此，高校基层管理人员需要通过不断学习、培训而提升自身能力，但是高校所提供的培训内容偏于模式化、大众化，没有针对性地“因人而异”“因岗而异”开展培训。其二是由于学校缺乏必要的制度保障所产生的不安全感。基于此，高校要针对基层管理人员建立完善各项体制机制，确保基层管理人员群体的良性发展，比如教职工岗位聘任机制、年度考核机制、奖惩机制等。

在爱与归属需求层面，高校基层管理人员在基本物质需求得到满足后，更多的是精神需求。人作为一个个体，并不是孤立存在的，而是处在一定社会关系中的，是身处社交圈的。人在各种社会关系中不断表现出并实现着自身的社会价值，主要表现为人们对于胜任工作和成功有着强烈的追求。在实际工作中，高校基层管理人员亟待被认可、被接纳。一方面，日复一日的付出能够被领导、专任教师及学生认可，而不是当作理所当然、分内职责。另一方面，更希望能够被基层管理人员群体所接纳。诚然，由于晋升途径狭窄，基层管理人员之间是存在竞争关系的，适度的竞争可以促进大家共同进步、共同发展，但是过分的“明争暗斗”则会导致成员缺少集体归属感。

在尊重需求层面，尊重是一种品质、一种人格修养，是个人素质、道德、习惯的重要集成，更是一种潜意识行为。美国《独立宣言》及法国《人权和公民权宣言》中提到：“人人生而平等”，每个人都享有被尊重的权利。一个人是否有尊重意识，以及尊重意识的强弱都直接影响着其日常行为举止，间接影响着其为人处事的方式。在生活中，每个人或多或少都有被尊重的需求，有的人需求较高，有的人则需求较低。针对高校基层管理人员而言，首先，对于工作岗位要有自豪感，有些基层管理人员自身对所从事的岗位就“嗤之以鼻”，认为工作职责就是“打杂的”，相较于专任教师，根本没有什么专业、技术可言，不自觉之中就自己降低了身份。其次，缺乏专业的态度、专业的素养，很难获得他人的尊重。作为管理者、教育者和服务者，却表现不出专业的态度与能力，有些基层管理人员说话态度傲慢、做事效率低下，工作能力较差，严重影响了工作效能，根本无法获得他人的尊重。

自我实现需求，这属于最高层次的需求，并不是所有的基层管理人员都有自我实现的需求。同样，并不是每种自我实现需求都一定要给予满足。新时代孕育新机遇，但也会出现新问题，高校基层管理工作也是如此，要坚持以创新的思维推进各项工作开展。如果基层管理人员的需求愿望是科学合理、积极向上的，且与学校事业发展需求同频共振的，这样的自我实现需求是可以满足的、是大力支持的；而不符合学校发展方向的或者与岗位需求有偏差的需求是可以不满足的，但若无法满足其需求，要适当进行解释说明，必要时还要安排专人进行心理疏导及调适。如果基层管理人员的自我实现需求与岗位需求、学校发展需求相吻合，那就要积极创设条件，令其实现自我认可，充分发挥其主观能动性，从而有信心有能力去创造性地开展工作。然而，在现实工作中，我们常常会遇到这样的情况：某些基层工作人员的自我实现需求与本部门发展需求，甚至与学校发展需求、时代发展需求有偏差，比如：负责学校发文的工作人员总是思考谋划如何提高线下签发效率，而学校却希望大力推进信息化手段以提高工作效率，虽然目标一致，但走的却是两条不同的实践路径，这样的自我实现需求显然没有太大意义。

值得注意的是，需求是由人的客观需要引起的，但又是通过主观表达和反映出来的，受多种因素的影响，有时两者难免存在一定的差距，导致一个人所表达出来的需求并不完全是实际的需求。主观需求是个人在认识、发现、揭示客观规律基础上的认识性、表达性需求，带有极强的主观意识和主体愿望；而实际需求是基于客观实际和可能性，体现和遵循岗位能力规律的需要。主观需求由于需求主体在认知能力、价值取向、组织能力、判断能力、个人利益等方面的个体差异，有时候基本符合客观需求，有时则偏离客观需求。因此，在分析高校基层管理人员的需求时，还需要因人而异、区别对待，在进行深入了解、科学合理的分析后，提出行之有效的策略。

六、高校基层管理人员需求失衡造成的危害

高校基层管理人员需求产生与需求满足处于一个动态平衡的过程之中，原有的需求满足后，随着各种内在、外在因素的调整，又会产生新的需求，进而出现新的失衡，从而促进新的改革。美国管理学家鲍尔·李根思在《A concept of needs》一文中对需求做了更加概括的描述，即“需求代表一种不平衡，是目标与现状的差距”。有需求失衡才会有前进的动力，但如果长期需求失衡而放任不管，则容易造成多方面危害。

1. 高校基层管理人员需求失衡容易导致组织关系紧张

高校作为一个组织体系，是集“科层组织”与“专业组织”特征于一身，兼具行政领域的“科层制”与学术领域的“专业性”的正式组织。罗伯特·G. 欧文斯在《教育组织行为学》一书中指出，学校在“一些方面具有鲜明的科层组织的特点”。从宏观层面来看，高校作为一种组织运行机构，其中各层次、各部门、各人员之间的活动与关系都受到严格的规则限制。也就是说，每位成员都清楚自己的职责范围，明确在履行职责、运

用职权时的岗位职责及其必须遵循的运作规范。基于此，如果高校基层管理人员的需求失衡，则会导致高校内部组织关系紧张。这里的组织关系是指组织内部人与人之间的关系。组织关系与人际关系关联密切，组织关系和谐则组织内部人际关系、工作环境就相对宽松，成员间便能充分地展示自己，使组织充满激情、活力四射。反之，若组织关系紧张，各成员之间特别是上下级之间更倾向于保守或者剑拔弩张、硝烟弥漫，尽可能地减少不必要的言语沟通，这在很大程度上会抑制成员个人潜力的发挥，长此以往，不利于个人发展，更不利于组织发展。

2. 高校基层管理人员需求失衡容易导致人才队伍不稳定

的确，与教师和科研人员相比，高校基层管理人员的发展前景很受限制，评聘职称很难兑现相关待遇，而职务晋升竞争激励，更为严峻的是，还会受到来自专任教师和科研群体对中高层领导职位的竞争。另外，不可否认的是基层管理人员的职业社会地位不及专任教师和科研人员。职业社会地位是指社会根据职业任务的重要性和对职业能力的评价给予的社会地位和敬意，与从事教学和科研的人员相比，高校基层管理人员的职业社会地位并不理想，这些也在一定程度上导致高校基层管理人员对自己所从事工作的身份认同感不高、工作积极性不强。加之高校决策层面对基层管理人员队伍建设的关注程度不够，长此以往，很容易造成人员的流失，不利于人才队伍的稳定和长远发展。

3.高校基层管理人员需求失衡容易导致个体工作效率低下

从个体层面来看，个体需求失衡极易产生不满心理和不满情绪，这种情绪可以表现为显性的激烈的冲突，也可能是隐性的平和的但却影响较大的抵触。当基层管理人员的需求未能及时找到平衡点时，其不满的情绪便难以排解，首先表现出的情绪便是消极抵触、工作不配合、工作效率低下、相互推诿、主动设置障碍等。此时，各基层管理人员之间表面上看起来也许一团和气，但暗中却会不自觉地较劲，甚至有可能演变为面对面冲突。当然基层管理人员也可能表现出不服从领导安排，消极怠工或者直接拒绝工作安排。其实，对于高校内部组织来说，成员的需求失衡越明显，组织内耗越大，个体工作效率也就越低。

作为高校领导者而言，要充分了解基层管理人员身处的环境、条件，准确了解基层管理人员的所思所想、所求所愿，才能有针对性地制定出一套相对完善、科学合理、系统完备的基层管理人员队伍建设方案，从而达到充分发挥人才效益、不断提升立德树人水平的目的。

七、高校基层管理人员需求失衡的成因分析

高校基层管理人员需求失衡是主观因素和客观因素交互作用的结果，满足其需求是外部制约和内在转化的辩证统一过程。从总体上来说，导致高校基层管理人员需求失衡因素不外乎内在思想因素和外在激励因素两个

方面。

1.高校普遍对基层管理工作的专业性认识不到位

高校对基层管理岗位的专业性缺乏充分的认识和足够的重视，认为基层管理工作就是一些简单的事务性工作，人人都能做、人人都会做，只要上传下达、照章办事就可以了。基于高校领导者对基层管理人员的此种态度，导致高校基层管理人员的教育培训制度缺少系统性、不够规范化。任何职业都需要通过不断地培训才能真正实现专业化，从而能够胜任岗位的需求。这种教育培训既包括入职前的教育，也包括入职后的教育培训。入职前的教育是指人们在准备选择自己的职业时，为未来职业生涯所进行知识、技能的学习和培训。在职的继续教育培训则是从业者围绕岗位需求不断进行学习提升的过程。而在前期访谈中了解到，大部分基层管理人员缺乏必要的入职前教育；在入职以后，又缺乏系统、有针对性的在职继续教育，从而导致基层管理人员队伍缺乏专业性。

2.高校普遍对基层管理人员的胜任力研究不足

高校是以知识为中心的组织体系，在倡导学科专业优先的语境下，具有学术话语权的教授、专家、学者往往占据着中心位置。特别是在高等教育由外延扩张向内涵提升、由规模发展向注重质量转变的新形势下，对于学科专业、人才培养、科学研究、社会服务等具有直接推动作用的专任教师们，被寄予厚望，地位和作用更加凸显，而基层管理人员被视为“局外人”，充其量算作是“学术场域”的参与者。而在实际工作中，高校基层管理人员承担着执行相应决策和要求的作用，他们的工作态度和专业能力，直接决定着基层管理的实际效果和工作效率，因此需要高校更加重视基层管理人员的胜任力要素构成，从而有效发挥激励作用。胜任力要素是动态的、可测量的，包含知识、技能、角色意识、性格品质、价值观念以及工作动机等。提升管理人员的胜任力要素可以为全体师生提供高效优质的管理与服务，更好地履行职责。同时，也只有通过提升胜任力要素，才能使广大师生更充分理解高校基层管理工作的重要价值和不可替代性，为高校基层管理人员群体赢得尊重。

高校基层管理人员发挥着学校改革方略及重要举措的具体执行落实的重要作用，可以充分把握高校基层管理人员需求与其胜任力要素的一致性、同向性，找准其具体需求，着力提升其胜任力要素。

第四章
高校基层管理人员需求与胜任力对应分析

高校基层管理人员的需求是以高校基层管理人员为主体，根据个体主观需要、客观工作而主动提出的，具有相应的必要性与合理性。如何高质量满足基层管理人员的需求，既是高校领导层需要关注、研究的问题，又是实现“科层制”管理的必要手段，具有较高的实践价值与现实意义。

当前，学者们对于“胜任力”的研究普遍呈现出明显的“结果导向”特征，胜任力要素已然成为检验各岗位工作成效的工具。而在实际工作中，高校基层管理人员的胜任力要素是围绕该群体的内在、外在需求而提出的，兼顾问题导向和结果导向的双重特征。高校要从个体及群体需求出发，进行科学的综合评价，而不能单纯以结果来判断成效。也就是说，高校基层管理人员的需求与胜任力要素并非完全割裂，两者具有统一性以及一定程度上的逻辑关联性。

通过分析高校基层管理人员的需求层次可以发现，高校基层管理人员的需求层次与其胜任力要素有着明显的相对应之处。基于此，高校要以满足基层管理人员的不同层次需求为抓手，加强顶层设计、完善体制机制，自上而下、多措并举提升其胜任力，以此来提高基层管理人员的满足感、获得感和幸福感。同时，高校基层管理人员也要主动适应新时代发展需要，将个体不同层次的需求融入高校高质量发展需求中，在具体工作实践中寻找新的发展思路，主动将自身需求转化为内在动力，从而不断提升该群体的综合能力。

一、高校基层管理人员需求与胜任力之间的关系

高校基层管理人员的需求属于主观范畴，而高校基层管理岗位的胜任力属于客观范畴，二者看似属于两条不同的平行线，实则有着方向目标的一致性、提升方法的统一性。

1.方向目标的一致性

周杰、孙江丽等学者在《基于成长性需求的高校青年教师激励机制研究》一文中指出："需求是由于缺乏某种东西而在生理上或心理上产生的一种不平衡状态。"的确，需求是多层次、多角度的，既有社会需求、也有学校需求，还有个体需求。高校基层管理人员的需求主要是为了获取生存支持、关系支持以及成长发展支持，力求能够更好地适应岗位需求，从而获得自身的职业发展。因此，满足高校基层管理人员需求的总体目标是为了更好地使其适应岗位需求，从学校层面采取一系列行之有效的措施，不断提升个体与岗位的匹配度。

正如麦克利兰教授所说，胜任力作为"能够直接影响工作或者工作成效的常识、技艺、能力、特点或动机等"，可以直接影响岗位的工作效率

及发展方向。个体层面要将自身职业发展需求与胜任力要素结合起来，通过对照检查、自我提升等举措，勇于探索、大胆创新，不断提升自身胜任力与岗位需求的匹配程度。

综上所述，满足高校基层管理人员的需求与提升其胜任力的目标都是为了提高个体与所在职位的匹配度，其总体目标一致，自然要同向同行、共同发展。

2.提升方法的统一性

提升高校基层管理人员的胜任力是一项系统性工程，需要从社会层面、高校层面以及个体层面着手，通过满足不断实现其物质需求、精神需求及发展需求来全方位提升其岗位胜任力。同样，要满足高校基层管理人员的生理需求、安全需求、爱与归属需求、尊重需求及自我实现需求，这需要全社会、学校及个体的共同努力，坚持以人为本，从知识、技能、角色意识、性格品质、价值观念、工作动机等方面协同发力，兼顾个体特征和群体特征，才能有效实现其不同层次的需求。

基于此，在总体目标一致的前提下，本着系统性、相关性和可操作性的总原则，实现高校基层管理人员的需求与提升其胜任力的方法应当具有统一性，采取的实施手段应该相辅相成、互相促进。通过实现过程的统一，坚守行为底线，坚持守正创新，进而实现目标的一致。

二、高校基层管理人员需求与胜任力要素的对应关系

1.生理需求是高校基层管理人员胜任力要素模型的建构基础

衣、食、住、行等生理需求是推动人开始行动的首要动力，吃饱喝足是最低层的生存需求，也是胜任力要素发挥作用的前提。换言之，只有先满足了自身的生理需求，才能谈得上知识和技能的提升、角色意识的认同等。对于高校基层管理人员而言，工作就要获取报酬，干得好应该还有奖金，有了工资才能满足自身衣、食、住、行的需要，进而才能担起养家糊口的重任。当人类的需求从低层次向较高层次进行转化的时候，生理需求是基础，更是前提，人们若是连基本的温饱都不能满足，那他是不会对任何其他事物感兴趣的，高校基层管理人员也不例外。如果连基层管理人员的生理需求都不能满足的话，他们是不会，也不可能安心工作的。简言之，满足了基层管理人员的生理需求才能提升其胜任力。

2.安全需求指向高校基层管理人员的显性胜任力要素

安全需求包括要求社会及周围环境安全、生命财产得到有效保护、生

活有基本保障、生病有所医等。具体到高校基层管理人员，其安全需求对应指向其显性胜任力要素。其一，高校基层管理人员需要必备的知识和技能提升途径，高水平的技能可以给基层管理人员带来安全感。其二，“巧妇难为无米之炊”，对于高校基层管理人员而言，安全需求应包括学校提供的必备的办公环境、办公设备等，物质条件保障有助于知识和技能的提升，同时也能够在一定程度上满足其安全需求。其三，制度与措施是外在性保障。高校针对师资队伍建设建立的制度和制定的措施，是基层管理人员更好更快成长起来的基础性条件，因为学校的重视为基层管理人员的发展提供了可能。

3. 爱与归属需求指向高校基层管理人员的性格品质要素

当爱与归属需求成为人们努力进取的首要动力时，其学习、工作、生活的环境也会变得日益和谐，同事之间、上下级之间的交往也会变得更加密切。高校基层管理人员长期面对着枯燥、繁杂的工作，个体情绪的稳定性及抗压能力等极其重要，在日常工作中，他们非常需要同理心以及群体的开导来缓解工作生活中的枯燥感。温暖关心的话语、必要的换位思考，哪怕一个鼓励的手势，都能给基层管理人员带来一定的慰藉。此外，很多重要事务是需要相互配合的，团结意识也非常重要，如果同事们都开朗健谈，相互合作，那么共同推进工作会比较顺利；反之，则不利于各类重大事项的推进甚至会阻碍各项工作的有序开展。

4.尊重需求指向高校基层管理人员的角色意识要素

尊重需求是指人们渴望自身价值、实力、态度、水平等得到他人的认可与称赞，每一个人都需要自己和他人能够接受自己的本来面目。针对高校基层管理人员而言，一方面，自己要率先肯定自身的实力，认可自我角色定位，准确把握自己的能力，关注自己的名誉、地位、职务；另一方面，获得他人以及社会的尊重，也是一种认可与肯定，使人更能够提升自身的责任意识，被他人尊重才能更加自信，从而更好地履行工作职责。

5.自我实现需求指向高校基层管理人员的价值观念和工作动机要素

自我实现需求作为最高级层次的需求时，只有较低层次的需求得到了较好的满足后，较高层次的需求才会对个体表现出强有力的刺激作用，而且高级需求出现之前，必须先满足低级需求。高校基层管理人员的自我实现需求必须从其价值观念、工作动机着手。要满足其自我实现需求，首先要树牢正确的人生价值观及符合学校发展大局的职业价值观。要满足其自我实现需求，必须充分激发其内在动机和外在动机，有效发挥主观能动性，如此才能事半功倍。

总之，高校基层管理人员的需求与其胜任力要素之间的关系，具有同向同行的对应之处，如图 4–1 所示。

需要说明的是，高校基层管理人员的需求与胜任力要素的对应关系，并非是直线型的指向关系，而应该是发散性的指向关系，比如：一个层次的需求可能指向多个胜任力要素，一个胜任力要素也可以指向多个层次的需求。笔者主要是依据其关键性特征予以指向对应，以便于有针对性地提出高校基层管理人员的胜任力。

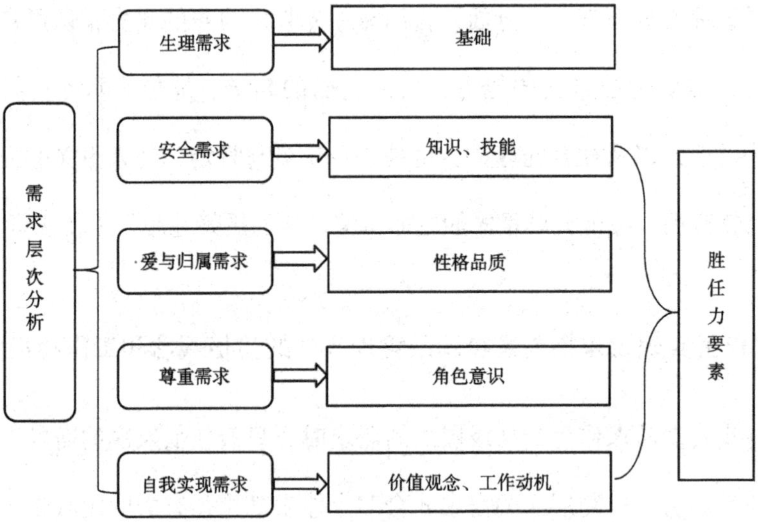

图4-1　高校基层管理人员的需求与其胜任力要素之间的关系

第五章 高校基层管理人员的胜任力提升策略

“强国必先强教”，纵观强国发展之路，人才始终是国家发展的重要依托，其中教育起着重要作用。立足新的历史方位，高校基层管理人员作为高校管理运行的重要力量，必须深刻认识高等教育的本质特征，深入把握并遵循办学规律、学生成长规律、教书育人规律等，树牢“躬耕教坛、强国有我”的志向抱负，准确把握自身角色定位，明晰使命担当，及时调整自我以适应高校高质量发展的节奏，拒绝故步自封、孤芳自赏，积极提升自身胜任力，主动适应时代发展所需。

社会对个体的角色需求，必须通过个体所处的组织目标来实现。作为高校而言，要高度重视基层管理人员的发展，给予基层管理人员群体清晰的职业规划指导，帮助该群体找到符合个人及社会期望的角色定位，切实把教育的工具理性和价值理性有机统一起来，逐渐激发个体的无限潜能，不断提升个体发展需求与高校、高等教育发展需求的匹配度。

高校基层管理人员的胜任力要素与其需求层次有相通之处，作为基层管理人员个体，理应与时俱进、主动作为，将个人不同层次的需求与国家政策导向、社会需求以及学校事业发展的方向相适应；而作为高校，要充分理解并重视基层管理人员的需求，多措并举为满足个体发展需求提供必要的外部驱动，积极为该群体创造条件、营造环境。

高校基层管理人员胜任力提升并非一朝一夕之功，而是一项系统性、立体化、全方位的工程，需要个人、基层管理人员、高校乃至全社会共同努力完成。下面，笔者依据不同层次的需求，有针对性地提出高校基层管理人员胜任力提升策略。

一、基于生理需求的胜任力提升策略

生理需求是基层管理人员胜任力的保障。生理需求作为人最本能、最原始、最基本的需求，是初级的需求，满足生理需求，也是胜任力的基础。关注高校基层管理人员胜任力要素前，首先需要关注其生理需求是否得到满足。如果基层管理人员整日为生理需求而忙忙碌碌，那就无法投入精力使其胜任力要素有所提升。生理需求是最基本的需求，也往往是身处高位者最容易忽视的需求。工作环境、办公设备、个人收入、基础设施等都属于生理需求的关注重点。

1.建立奖惩分明的薪酬管理体系

工资收入是建构高校基层管理人员胜任力模型的基础，没有充足的物质基础保障就无法发挥胜任力要素的重要作用。要合理满足生理需求，首先应以能够体现个体工作量和具体贡献的薪酬体系为基础。

（1）坚持按劳分配、奖惩分明的原则

按劳分配是实施薪酬体系改革的关键，而能否做到奖惩分明则直接影响着基层管理人员的工作积极性、主动性。要实现按劳分配，首先应该由高校层面牵头，根据部门实际工作量等情况，结合岗位结构比例核准各部门各类各级别基层管理人员的数量，进一步明确岗位职责。学校根据部门的编制、岗位数量以及工作职责，按照标准进行绩效工资总量核拨，各部门再依据个人的实际工作情况进行分配。同时，要建立奖惩分明的工作体系，充分发挥绩效工资的导向作用。换句话说，按劳分配就是打破传统意义上的“大锅饭”，探索实施“评聘分离”，将工资按照岗位的工作量及重要性予以分配。

（2）深化薪酬体系改革

要从真正意义上深化薪酬体系改革，必须要树牢大局意识，合理确定教学、科研、管理三支队伍之间的薪酬比例关系，避免因差距过大，导致基层管理人员产生不满情绪，形成职业倦怠。推进薪酬分配制度改革，减少校级层面的统一分配的比例，下移或扩大基层单位绩效经费统筹分配权，可以由各个校内部门根据自身实际，确定绩效工资的发放方案和标准。通过下移或扩大校内基层部门薪酬分配自主权，可以使各部门根据每个阶段的工作任务实际、每个人的工作业绩实行精准发放、动态管理，切实做到兼顾公平和效率，真正激发基层管理人员的工作积极性。

在实际工作中，大多数公立高等院校都试行了绩效工资改革，所谓“绩效工资”，依据马克思的三种劳动论来讲，主要是根据员工的第三种劳动即凝固劳动来支付薪酬，属于典型的以成败或成效论“英雄”，以实际的、可以评价的劳动成果确定员工薪酬的工资制度。简言之，就是“以成绩”发放工资。目前，大多数高校基层管理人员都是按月按级别领取工资，无论在岗人员的工作效率如何，除非请假，基本工资都是一样的，参与更多的工作，也没有额外的酬劳，呈现“干多干少一个样”的现状。虽然很多高校都在尝试推进绩效工资改革，但是对于专任教师的绩效工资改革成效比较明显，主要原因在于专任教师的绩效评价指标可以量化，便于实施。比如：科研经费到位金额、核心期刊发表数量可以考评专任教师的科研工作量；授课数量、学生评教成绩可以考评专任教师的教学工作量等。虽然指标体系有待进一步完善，但是最起码有基本标准可以参照执行。作为高校基层管理人员，其工作内容比较琐碎，突发事件常有发生，很难具体量化绩效考核标准，特别是有些工作是需要长期推进的，更是难以进行科学量化，从而导致绩效工资改革成效不显著。

基于此，高等院校要选择合适的按劳分配形式。在推进一些重大事项时，可以适当采取项目化管理模式。高校基层管理人员的工资构成可以分为两大部分：一部分是基本的岗位工资，完成了工作职责就能够获得此部分工资，反之，就要按比例扣发工资；另一部分则用于项目化管理奖励的工资，比如：参与学校或者学科重大项目的人员，能够获得该项目的薪酬，具有一定的奖励性质。建立奖惩分明的绩效工资制度，才能更好地满足基层管理人员的生理需求，从而进一步更好地提升他们的胜任力。否则，基层管理人员就会总想着如何挣“外快”，而不能把心思放在本职工作上。没有物质基础何谈胜任力的提升？只有让高校基层管理人员没有太多的后顾之忧，才可以令其全身心地投入工作、研究工作、改进工作。

2.积极营造良好的办公环境及氛围

“要想马儿跑，就先要让马儿吃饱”，要提升高校基层管理人员的胜任力必须为其提供符合其岗位需要的办公条件与设备。当前，高等教育发展面临着更为复杂多变的内外部环境，要保障基层管理人员能够高效工作，现代化的设备保障是必不可少的。

（1）配备与时俱进的办公设备

提供必要的、符合时代需要的办公条件与设备是提升基层管理人员胜任力的基础。在1993年审议通过的《中华人民共和国教师法》明确规定：

第九条 为保障教师完成教育教学任务，各级人民政府、教育行政部门、有关部门、学校和其他教育机构应当履行下列职责：

（一）提供符合国家安全标准的教育教学设施和设备；

（二）提供必需的图书、资料及其他教育教学用品；

（三）对教师在教育教学、科学研究中的创造性工作给以鼓励和帮助；

（四）支持教师制止有害于学生的行为或者其他侵犯学生合法权益的行为。

2021年11月教育部公布修订的《中华人民共和国教师法（征求意见稿）》进一步明确了教师的基本权利：

第九条 教师享有下列权利：

（一）自主开展教育教学活动并获得相应设施设备支持和资源保障；

（二）从事科学研究、学术交流，参加专业的学术团体，在学术活动中充分发表意见；

（三）指导学生的学习和发展，评定学生的品行和学业成绩，对学生进行表扬、奖励、批评以及教育惩戒；

（四）按时获取工资报酬，享受国家规定的福利待遇以及寒暑假期的带薪休假；

（五）对学校教育教学、管理工作享有知情权、参与权、表达权和监督权，通过教职工代表大会或者其他合法方式参与学校的民主管理；

（六）开展课程和教学资源研发、科研成果转化，并获得相应权益；

（七）参加进修或者其他方式的专门培训、继续教育。

按照惯例，高校基层管理人员通常参照《中华人民共和国教师法》执行，那么基层管理人员的权利也应该参照执行，明确高校基层管理人员具有“自主开展教育教学活动并获得相应设施设备支持和资源保障”的权利。基于此，要让基层管理人员具备现代办公能力，必须提供现代办公设备，比如：负责宣传摄像的基层管理人员要想拍摄出高质量的新闻图片，专业的摄影设备是物质保障，如果硬要求其使用人们常用的手机拍摄出高质量新闻图片，显然是强人所难了。根据前期的访谈可知，现阶段有些高校基层管理人员的办公环境、办公设备并不理想，最新购置的电脑往往都先配给了教授、领导干部等，很多基层管理人员所用的办公设备都太过陈旧了，处于“超期服役”状态，没有与时俱进。当然，笔者并不是鼓励奢华浪费，更不是鼓吹奢靡之风，但性能过于落后的办公设备一定会影响工作效率及工作心情。

（2）因地制宜布置办公环境

关于办公环境的布置并没有明确的标准，但是对于办公用房面积，国家有明确的规定。2017年12月11日中共中央办公厅、国务院办公厅印发的《党政机关办公用房管理办法》中明确规定：

第三条 党政机关办公用房管理应当遵循下列原则：

（一）依法合规，严格执行法律法规和党内有关制度规定，强化监督管理；

（二）科学规划，统筹机关办公和公共服务需求，优化布局和功能；

（三）规范配置，科学制定标准，严格审核程序，合理保障需求；

（四）有效利用，统筹调剂余缺，及时依规处置，避免闲置浪费；

（五）厉行节约，注重庄重朴素、经济适用，节约能源资源。

高校基层管理人员的办公用房布置原则上应该遵循以上原则，为了营造良好的办公环境，高校应该定期开展检查，及时消除用电、消防等安全隐患，杜绝不符合高校氛围的环境布置，因地制宜合理美化环境，提升审美趣味与品位，适当摆放一些绿植，增加办公环境的生机活力。同时，良好的办公环境有助于增强基层管理人员的身份认同、愉悦身心。

在实际工作中，办公设备及用品是高校基层管理人员的最基本需求，此处所说的办公设备及用品主要是最基本的办公设备及耗材，不包括教学科研所用的大型仪器设备。办公设备及用品采购往往由各高校统一采购，所采购的用品标准是通用的，不能符合所有岗位的具体需求。高校可以探索使用供应链系统的方法，自行开发相关的采购系统，由学校建立统一的办公用品采购库，再由高校的专门采购管理部门，通常是由国有资产管理处负责，建立信息化的采购平台，选定部分资质和信誉良好的供应商准入。供应商在平台上动态地将各种办公设备用品的品牌、类别、规格、价格列出，校内各单位根据自身需求在耗材库中挑选合适的物品，进行网上申报。供应商根据需求小批量集中送货至高校，需求部门根据采购清单统一到办公耗材库进行申领出库，完成后通过高校财务部门统一办理结算，供应商收款，并承担耗材的售后服务。

只有满足了基层管理人员的生理需求，令其无后顾之忧，获得施展才华的有力工具，才能够更好地提升其胜任力要素。

二、基于安全需求的胜任力提升策略

人们需要安全、稳定、受保护、有秩序、减少不确定性、消除恐惧等，以此来满足自身的安全需求。一方面，高校基层管理人员需要学校为其提供必要的政策支持和保障；另一方面，高校基层管理人员需要高水平的知识、技能为其自身提供能力保障。

1.建立完备的制度保障体制

高校建立完善的基层管理人员管理模式，可以从制度层面为基层管理人员提供安全需求。与企业、政府的体制机制改革力度和进展情况相比，高校管理模式的改革明显落后于中国社会的变革，在某种程度上高校的管理模式仍然是以政府管理为基础，或者说是政府治理模式的延伸。从积极层面来说，以政府管理为主的管理模式，能够使政府政策在高校有效实行，但是，问题是显而易见的，这样的管理模式容易导致学校内部出现“行政化”“机关化”倾向，把学校当作政府机关来管理，而不是从立德树人、教书育人的角度来管理，以至于出现以官场权威取代学术权力的不良倾向。

（1）建立健全绩效管理体系

张拥军在《用科学发展观指导高校中层干部考核工作刍议》一文中指出：高校管理人员的考核一般参照机关党政干部考核办法，分为德、能、勤、绩、廉五个方面作为考核的内容和项目，缺乏直观比较，缺乏科学的量化和细化内容。的确，目前大多数公办高校对基层管理人员的考核内容都是参照机关党政干部的考核项目，标准统一、形式单一，没有因岗而设定个性化的考核评价标准，评价结果主要分为优秀、合格、基本合格和不合格四个等级，不同的打分者对每个等级标准的认知不同，在打分过程中，主观因素过多，仅凭个人的好恶很难把握和界定标准，往往导致打分结果的不科学、不合理。

从管理模式上来说，高校要基于胜任力模型建立绩效管理体系。绩效指的是主体行为或者结果中的投入产出比例，绩效管理是指为达到持续提升个人、部门和组织绩效的目标而通过各层级管理者和员工共同制定绩效计划、绩效辅导沟通、绩效考核评价、绩效结果应用、绩效目标提升的持续循环过程。在高校进行绩效管理是通过对教职工的工作质量、工作效率进行全面考核以实现其发展目标的管理方式，并将绩效考核结果应用于职务调整、薪资变动、培训进修等。以基层管理人员胜任力模型为基础，建立绩效管理体系，一方面，有助于提高基层管理人员的业务能力和职业素养，另一方面，有助于推动高校实现既定的战略目标，最终达到教职工和高校的双赢结果。

（2）根据岗位职责进行目标管理

高校基层管理人员可以依据不同的岗位设定不同的职责目标及完成时限，定期进行目标管理。目标管理的过程包括确定目标、实现目标及结果评价三个阶段。在确定目标阶段，组织应首先确定一个全局的整体战略发展目标，各部门根据组织整体战略发展目标制定本部门的目标，本部门工作人员则根据本部门的目标来制定个人的工作目标。在实现目标阶段，本部门工作人员通过实现自己的个人工作目标就可以实现组织整体战略发展目标。在结果评价阶段，组织领导可以通过对比实现的组织目标与制定的组织目标之间的差距来布置今后的工作，制定新的组织目标。

科学的内部管理体制机制是高校赖以生存和发展的基础，基层管理人员是其中重要的一环。关键之处在于明确基层管理人员的主体地位，尊重其参与学校管理的民主权利。在规章制度制定或修订前，应广泛征求基层管理人员意见建议，特别是涉及基层管理人员自身利益的规章制度，一方面有利于基层管理人员实施意见权、建议权和民主管理权；另一方面，能够让学校及时了解基层管理人员的想法，从而达到有效沟通的目的。为更好地发挥基层管理人员的能动性，可以通过制定岗位目标来完善其内部管理体制机制，而在制定岗位目标时有几点需要注意：一是基层管理人员的兴趣爱好和工作内容有一致性；二是尽可能确保基层管理人员适合本岗位工作，具备岗位需求所对应的专业素养；三是注意分配具有挑战性的工作，让基层管理人员在适度的压力下完成工作，并获得成功的荣誉感、喜悦感和满足感。

（3）建立科学合理的评价体系

从评价方式来说，目前各高校采用较多的是绩效评价。所谓绩效评价，是指一定时间内人员的工作能力、工作业绩的综合评价。绩效考核的种类有：以考核的性质划分，包括定性考核和定量考核；以考核的主体划分，包括上级、自我、同级以及下级考核。简言之，从人力资源管理的角度来说，绩效是指利用科学方法来评价员工责任、任务完成情况和员工能力，以及评价结果反馈给员工的过程。

高校教师可以通过课时、发表论文数量、科研项目数量等量化的标准来衡量，虽然不能很完整地展示出教师岗位的业绩，但从一定程度上，能够制定标准、参照衡量。但从高校基层管理人员的工作性质来看，无法运用量化标准来衡量一个人的工作能力，需要根据不同的岗位制定不同的评价标准。比如：有些直接服务师生的岗位，可以让服务对象来打分评价，而有些与师生直接接触较少的岗位，则不适用于服务对象打分机制。基层管理岗位涉及范围很多，要根据不同岗位的特征来建立评价标准，避免“一刀切”。在评价方面，通过对基层管理人员的考核，帮助其认识到自己的专长和有待提升之处，根据工作需要调整自己的工作理念及处事行为，进一步明确职业发展方向，促进综合能力发展。因此，考核内容应细化、具体，并且形成制度。

钟秉林在《关于大学“去行政化”几个重要问题的探析》一文中指出，管理是“高校为了实现教学和科研工作的目标，依靠一定的机构和制度，采用一定的措施和手段，发挥管理和行政职能，带领和引导广大教职工、学生充分利用各种资源，有效地完成学校的工作任务，实现预定目标的组织活动”。因此，高校决策层面要转变领导作风和管理方式，经常性深入基层管理人员一线，建立领导与下属的互相信任、彼此协作关系，缩短上下级之间、同级之间的距离。同时，无论是党组织、行政组织、群团组织还是学术组织，要尊重、关心关爱和支持基层管理人员，搭建平台促进上下级、同级之间的交流，积极营造平等、和谐的校园氛围。

与此同时，高校要健全绩效管理体系及考核机制。一是制订具体的考核评价标准。根据工作性质、岗位特点的差异分层次分类别制订基层管理人员考核评价标准，考核标准要根据岗位需求而设定，体现出个性化特点。二是实行量化考核。在定性考核的基础上，探索定量考核模式，按照一级指标、二级指标及三级指标的划分方法，逐级明晰指标内容与权重，再根据权重计算出分值，这个分值更为量化，更能够体现出考核结果的有效性。三是加大考核结果的区分度。如果考核结果的区分度比较低，则难以体现出不同基层管理人员之间工作效果的差异性，健全的绩效管理考核机制能够让考核结果的等次更丰富、更细致、更具有区分度。四是在更大范围上运用考核结果。有了科学的考核评价体系，关键在于考核结果的有效运用。要把考核的结果与高校基层管理人员的切身利益联系起来，考核不流于形式，这样才能使其重视考核工作，真正做到“老实人不吃亏，投机钻营者不得利”。

2.获得适应性的专门知识

对于高校基层管理人员来说，重要的是对新情境保持弹性和适应性。教育管理是一门高深学问，随着时代的变化，管理的知识和技能也在不断更新，这要求人们要持续不间断地学习，不断完善适应性专业知识。有些高校基层管理人员以前所学的专业与教育、管理并没有很大的关联性，这些因素使得培训和学习对于高校管理人员而言非常重要。管理人员要想获取高校管理所需的专业知识，一方面要靠学校的组织，另一方面要靠自己主动学习，但目前这两个方面都有待进一步加强。

（1）建立完备的继续教育机制

通俗地讲，高校主要有教书育人和做学问两个职能。从主观上来说，学校和专任教师都倾向于将教书育人和做学问作为工作的目标和内容。继续教育，特别是基层管理人员的继续教育往往并未上升到高校工作目标和内容的范畴。在高校基层管理人员胜任力模型中，知识要素分为两个层面：一是管理学、教育学相关专业知识；二是岗位所需要的知识。

在前期访谈中可知，很多高校都能够定期对基层管理人员开展培训，但是依然存在很多问题。大多数高校并没有长期乃至全年的基层管理人员培训计划，甚至没有明确负责培训的部门，培训无目的性、无针对性，岗前培训多应付了事，上岗后对于继续教育更是不在意，培训内容比较陈旧，没有立足学校实际情况开展培训工作，特别是涉及服务意识、个人发展规划等方面的内容较少。继续教育应该根据岗位不同、对象不同而量身定制，正如孔子所云“因材施教”。如果是轻技能、重素质的管理人员，要着力在其知识技能方面下功夫。如果是重技能、重素质的管理人员，则要多从国家政策层面予以培训，让其了解高等教育的发展方向，对做好本职工作有所思考、有所创新。如果是重技能、轻素质的管理人员，应该侧重于通过培训帮助他们完成职业规划，对其发展有所指导。如果是轻技能、轻素质的管理人员，要通过培训逐步找到适合其的基层管理岗位。

（2）树牢自主学习的意识

人本主义心理学家马斯洛认为，安全感是一种从恐惧和焦虑中脱离出来的信心、安全和自由的感觉，是满足一个人现在和将来各种需求的感觉。工作中的安全感是指对目前自身工作稳定性及对未来职业前景的心理期望和感知。从个体层面出发，是个体进行自我表现和展示时，不必担心其个体形象、职业地位、职业生涯遭遇反向评价的感知程度。

自主学习能力使个体不断地获取新知识和新技能。世界教育委员会提倡实行终身学习。终身学习作为影响自主学习能力的因素之一，其贯彻的深入程度一定程度上决定个体自主意识的强弱。自主学习意识体现在学习的意愿和热情上，基层管理人员应该激发自己的学习动机，以自我认知结构为基础、以成就动机为动力，将外在的学习动机转变成自主学习的内在意识，提升胜任力的知识要素。同时，作为一名教育者，高校基层管理人员要注重教育方法、教育理论的学习，并把教育理论应用于实践之中。

作为高校基层管理人员，要有永远追求前沿知识并致力于立德树人的热情。特别是随着教育数字化转型的全面推进，知识更新周期逐渐缩短，唯有牢固树立终身学习的观念，建立完备的教育培训机制，才能从根本上满足自身的安全需求，从而不断学习知识和提升技能。

高校需要根据岗位特征建立完备的培训教育机制。其一，开展覆盖面广泛的基础知识培训。基于基层管理人员的工作性质，很难固定时间开展培训，因此，可以邀请相关领域的专家学者以开设讲座、沙龙等方式进行培训，提前将讲座题目或讨论主题通知各单位的基层管理人员，让他们尽可能预留时间听讲座、谈体会。其二，针对岗位需要开展专业化培训。当前，教育信息化建设逐步驶入“快车道”，很多岗位亟待信息化，要从学校层面开展专业化的培训，一方面，深化有相关专业基础的基层管理人员知识内容，另一方面，向非相关专业的基层管理人员普及信息化相关知识。其三，合理搭建校级数字化教育平台。要充分利用基层管理人员的碎片化时间，模块化地设置培训内容，通过一体化数字化教育平台随时随地进行继续教育。基层管理人员可以根据岗位需求或个人兴趣，有针对性地选择课程进行专题学习。

高校基层管理人员要结合工作条件和自身情况，探索一切需要学习的知识。笔者认为，知识大致可以分为三个方面：理论知识、业务知识以及业务之外的有益知识。要紧跟时代潮流和世界前进的步伐，就必须不断更新知识，开拓视野，拓宽思路，提高综合知识素养。其一，加强基层管理人员政治理论学习的实效性。政治理论学习既要内容丰富，又要因材施教。政治理论是高校基层管理人员学习的中心和主要内容，国家法律法规、规章制度是学习的重要内容，教师职业道德、教育教学观念、教育学理论等是学习永不落伍的内容。其二，坚持理论学习与日常工作相结合。深刻把握全心全意为广大师生服务的宗旨，把理论学习和消除基层管理人员的思想困惑以及日常工作中的实际问题有机结合，根据各个部门的实际情况，开展有创新意义的学习研讨会、案例分析会等，从而提升基层管理人员“主人翁”意识。

三、基于爱与归属需求的胜任力提升策略

自出生之日起，人便处于上下求索的过程中，不断获得自我意识、不断认识自己。在这一过程中，人们不断认识自己、反复确认自己，不断地回答“我是谁？”这一问题。在与他人交往的过程中，对他人的认识成为自我认知的参照系，以他人为镜，不断修正自我认识，增强自我身份认同。换言之，社会也是一所学校，进入社会，才能学会认识自己。当个体离开熟悉的社会关系而进入陌生的文化或社会环境中的时候，他所获得的不仅是思想上的认同，还有强烈的个体归属感：“我”不仅属于自己和熟悉的家庭和工作单位，而且属于一个情感共同体。在这个新的共同体中，

人与人的关联纽带不再是亲情、劳动关系和科层关系，而是由共同的兴趣、志向和精神追求联系在一起。

1.增强履职尽责的使命感

高校基层管理人员大部分时间投身于学校各项工作管理中，较少与外人接触，同时由于工作繁杂，缺乏沟通，容易导致基层管理人员的社交能力变弱，在一定程度上影响工作主动性、积极性。高校基层管理人员要正确认识自身岗位的重要价值，坚持立德树人根本任务，树牢“校我”共同体意识，秉持“人无高低之分、只有分工不同”的工作理念，坚守育人初心和使命，将责任和使命贯穿工作始终，责无旁贷地做好基层管理服务工作，把爱岗敬业化为常态、做在经常。只有这样，才能积极、主动、有效提升从事基层管理服务工作的胜任力。

（1）以高度的社会责任感推进工作

社会责任感是生活在社会中的人，对自己所要承担的社会责任的一种负责态度和自觉行动。社会责任感并不是天生就拥有的，而是随着个人的成长、社会的发展，通过后天教育在社会实践中逐步养成的。社会责任感逐步提高的过程是一个由低到高的不断强化、不断升华、长期培养的过程，是一个在内容、目标上的认识由感性到理性的过程。我们每个人都不是孤立存在和发展的，而是处于一定的社会关系之中。毋庸讳言，社会责任感也反映了一个人的精神状态和基本素质。

俄罗斯教育心理学的奠基人乌申斯基指出，高校的日常工作主要包括管理、教育和研究，其中着重把管理列为首位，足以说明管理工作是支撑高校各个职能顺利履行的前提与基本保障。然而，很多基层管理人员没有完全意识到自身价值的重要性；相反，因为自身认同危机而表现出得过且过似的甘于平庸、消极抵抗或者迷茫似的彷徨无助。身为高校基层管理人员，在校园里随时随地都要进行潜移默化的“管理育人”，因此，必须充分认识到自身岗位的重要性，以饱满的精神状态来开展工作，并把积极乐观的心态传递给周围的人，逐步找到属于基层管理人员这一工作群体的责任感、使命感、荣誉感。

（2）凝聚工作群体的精神力量

所谓工作群体，是指现代企业中劳动组织的基本单元，部门、团队等都属于工作群体。工作群体中的人和其他成员采取合作的方式开展工作，共享群体内的所有人、财、物等资源。在我国传统文化背景下，人际关系在工作群体中有着重要的地位，高校基层管理人员属于同一个工作群体，彼此之间应该注重相互沟通，逐步建立良好的沟通协调机制，定期开展工作经验交流、专业知识分享等，在群体之间不断沟通之中，凝聚出属于本工作群体的精神力量。精神力量抓不到，看似很虚无，却是日常工作中最有效的催化剂，能够不断地激发出基层管理人员的凝聚力、创造力。

我国高校的内部管理体制多为科层体系建构，组织的权威和权力对基层管理人员的思维方式、价值观念、行为准则具有很强的指引性和约束力。外部力量对高校基层管理人员的胜任力方面的作用有限，而工作群体中的精神力量是一种内生动力，能够激发出人内心深处的潜力、活力、行动力和发展力，形成思想自觉和行动自觉。

“最大的危机是我们对危机的视而不见”，基于现阶段高校基层管理人员的发展现状，我们必须直面高校基层管理人员的认同危机，并且认识到这个问题存在的必然性，从而寻求合适的对策，并在消除这一工作群体认同危机的过程中推进高校内部治理的持续深化。

个人价值观是一个形成的过程，随着个体知识的增长和生活经验的不断积累而逐步确立起来。个人价值观一旦确立，便具有相对的稳定性，是不会轻易改变的。社会主义核心价值观是从社会价值的角度对社会主义最根本的观点，是指在社会主义价值体系中居统治地位、起支配作用的文化精神价值理念。高校基层管理人员要树牢社会主义核心价值观，统一思想、凝聚人心，逐步形成强大的精神支柱和内在力量。

2.不断完善自我性格

性格是一个人深层次和比较不容易更改的特征，潜移默化地影响着个体行为选择，是“人际技能”的决定和影响因素。“人际技能”要求基层管理人员以文化素养为依托，能够恰当运用交际礼仪，为人处事进退得当。一方面，要求基层管理人员能够有效调节自我情绪，削弱情感内耗和消极情绪对工作的影响，在日常工作中保持平和心态。另一方面，要求基层管理人员在与他人合作与交流的过程中，能够真诚待人，主动缩短成员之间的隔阂和距离，通过完善自我性格，从而促进群体之间、部门之间凝聚力和向心力的提升。

（1）理性调整性格表现

诚然，一个人在职业和工作当中，不可避免地存在着性格与职业间的矛盾，个体要合理地指向有意识的目标实现，性格经调整和塑造后，逐步适应工作环境和职业特征，在职业当中逐渐实现性格与职业的契合。之后，可不断进行自我性格的完善，通过主动干预来实现自我性格的完善和优化。对于自身的性格弱点进行挖掘，找到性格的短板，进而采取行之有效的办法和策略。经过不断的学习和实践，逐渐实现对自我情绪的有效控制。此过程属于对个体性格的理性催化和适当调整，这个过程是实现对情绪的控制而不是对个性的压制，能够极大促进个人的职业发展，与此同时还能实现其人际关系的优化。

诚然，并不是每一个人的性格品质都符合高校基层管理人员的岗位需要，或者说不同的基层管理岗位，因时因势需要不同性格品质的工作人员，在实际工作中，不可能某一个岗位频繁更换工作人员，但是可以根据基层管理人员的胜任力要素需求不断调整，从而提升情绪的稳定性以及工作抗压能力，有效增强团结互动意识，更好地适应岗位需要。

（2）学会调试情绪

高校基层管理人员经常会面对形形色色的人，还要随时应对各类突发事件，因此能够及时对自身情绪状态予以感知显得尤为重要。当一个人长期处于消极或负面的情绪之中时，极易做出不理性的行为，说一些不合适的话语，进而造成不良后果。因此，作为基层管理人员，应在出现负面情绪的时候，做到及时察觉并冷静思考：这样的情绪会带来怎样的后果？是否有更好的解决策略？通过片刻的冷静思考，调试负面情绪。也可以有意识地进行情绪管理训练，不断调控自己的情绪，增强自身的情绪管理能力。

进行自我情绪调节管控，是高校基层管理人员处理情绪问题最常用，也是最直接有效的行为方式。诚然，日复一日的琐碎工作容易让人产生负面情绪，基层管理人员应从自我着手，努力避免出现消极情绪，促进心理健康的发展，着力提高情商水平，从而以更加饱满的精神状态投入工作，提升职业幸福感。

（3）发挥自身可塑性

对于已经在某个基层管理岗位上的人，如果无法在工作中找到归属感、幸福感，消极的解决方法是进行岗位调整，虽然一劳永逸，但并非积极处理问题的态度，最好的方法是充分发挥自身性格的可塑性，调整性格特性，让自己逐步适应当前岗位需求。经过自身不断探索、实践和调整，能够主动进行性格的规划和转变，使其符合基层管理人员岗位需求及特点，满足职业发展需求。如果一个基层管理工作人员性格较为内向、不善表达，可以通过多与人沟通交流、多参加各类社交活动，逐渐培养自信，并锻炼自身在公共场合表达意见的能力，使性格逐渐向外向型发展。如果一个基层管理人员性格过于急躁、缺少耐心，可以采取自我暗示的方法让自己说话慢一点、思考的时间长一点……总而言之，要在工作中找寻爱与归属感，而不是消极地等待归属感找自己汇合。

当一个人在面对性格和职业之间的不可调和的冲突和矛盾时，应当综合分析现实情况和人生期待，当然，也不反对在必要时选择更换更合适的职业。若一个人向往无拘无束的工作环境，天生不愿意被拘束，那么高校基层管理岗位显然不适合其性格特征。辞职或跳槽不意味着对这个人职业能力的全盘否定，本书建构的胜任力模型主要是为了充分肯定性格与职业匹配的重要性。

四、基于尊重需求的胜任力提升策略

尊重需求是指自尊和希望受到别人的尊重，自尊使人相信自己的力量和价值，从内心深处认为自己“能行”，让自己更有能力，更具有开拓创新能力。缺乏自尊，则会导致自卑，从而产生消极的心理暗示，以至于没有足够的信心去处理问题、解决问题。

1.明确职业角色定位

关于基层管理人员的角色、职责有各种各样的研究成果，在学校内部关系中，对于一线教师和学生而言，基层管理人员的核心角色和核心责任是什么？是管理者、教育者和服务者。高校管理人员在工作的过程中要明确自己的职业角色，清楚地意识到高校基层管理工作的服务职能，基层管理人员需要有“以师生为中心”的服务意识，立足于服务学校事业发展，不断提高自身综合素质，掌握基层管理工作所需要的各项技能，从而更好地开展工作。

（1）做专业的管理者

高校基层管理人员在学校内部管理过程中的核心职责，即以管理服务于一线教师的教和学生的学。高校基层管理人员应当是专业的管理者，之所以称为“专业”，就在于它区别于其他职业的知识和技能。

高校基层管理所涉及的知识和技能十分广泛。从管理对象来看，管理通常涉及人的管理、物的管理，前者包括教职工、学生等成员，后者包括教学设施、运动场所等基础设施；从管理的职能来看，涉及学校党务管理、学工管理、教务管理、后勤管理、财务管理、宣传管理、组织管理等。管理是强化教育的必要方式，基层管理人员自我定位的角色是高校内部中多元主体的“节点”或“链接者”，就主体而言，基层管理人员是以管理者这个角色来服务于学生发展、教师发展、学校发展；就事务而言，是以管理来服务于教师的教与学生的学的。基层管理人员的核心管理任务是“专业”，应该是“专业的管理者”，即“教的专业和学的专业的管理者”，是间接提高教学质量的参与者。

（2）做合格的教育者

新时代新形势下，高校基层管理人员应自觉成为社会主义核心价值观、正确人生观的传播者和实践者，立足岗位实际，坚持以学生为中心的理念，善于观察并精准把握广大教职工以及青年大学生的思想“触发点”、情感“共鸣点”，寓育人于管理的全过程。高校基层管理人员应该以博爱的胸怀、主动的姿态、积极的举措，坚持知行合一，不拘泥于现状、不墨守成规，主动跳出经验主义的桎梏，及时更新管理理念、创新管理方式方法，在实践中深入思考，逐步形成行之有效的工作方法，进而有效提高管理效率和工作质量。

高校基层管理人员作为教育者，首先应该明确“育人”的本质和内涵，育人是一项宏观工作，不能片面地、狭隘地将“育人”简单等同于学生管理事务或思想政治教育。其次，要认识到育人是一个全员全过程参与的系统性工程，在一所学校里，无论身处何种岗位，无论是校领导、中层干部还是普通教职工，都是育人的主体，都可以采用显性或隐性的方式来感化和教化学生。高校基层管理人员应自觉提高思想认识，明确自身“不上讲台的老师”的身份定位，将关心关注、关爱学生成长视为工作的重要组成部分，以角色转变为根本，增强育人的自觉性。

（3）主动树牢服务意识

高校基层管理人员的服务意识是指高校基层管理人员与一切高校利益相关的人或事务的工作中所体现的为其提供热情、周到、主动服务的欲望和意识，具体表现为三种意识，即岗位意识、责任意识、学习意识。岗位意识是基本要求，高校基层管理人员要自觉熟悉和坚守岗位，立足岗位履行好自己的岗位职责，不轻易离岗；责任意识是必备素质，基层管理人员要正确认知自身工作的特点和职责要求；学习意识是内在意识，基层管理人员要不断学习，努力提升自身修养。

管理即服务，服务有主动和被动之分，也有热情和冷漠之别。高校基层管理人员要主动树立“服务育人”的新思想，将服务与教育更好地有机结合。作为高校管理链条中必不可少的重要一环，高校基层管理人员是管理过程中的螺丝钉，维护着管理全过程的有序运转，通过对其服务意识进行深入研究探讨，对于提升高校基层管理水平和治理效能具有重要意义。

钱德凤在《基于现代人力资源理论的高校人力资源管理者队伍建设》一文中指出，高校基层管理人员的服务素养和工作能力是高校办学思想和发展方向的重要体现。高校基层管理人员是高校服务育人的重要展示窗口，其整体素质是学校整体形象的代表，其道德素质对高校高质量发展有着重要影响。高校基层管理人员要牢固树立新思想，寓服务于管理，与时俱进调整管理方式、完善管理规范，着力提升为师生服务的质量，不仅有助于营造优良的校风、教风、学风，更有助于提升高校的综合实力。加强高校基层管理人员服务意识的培养与服务能力的提升，既可以树牢高校的积极形象，也有利于学校取得良好的社会效益，从而促进高校的高质量发展。主动树牢高校基层管理人员的服务意识同样是高校创新内部治理体制的必然选择，坚持以师生为本的宗旨，将“服务”作为基层管理的核心要求。高校基层管理人员如果不能精准定位自身角色，其权力的运行必然会受到不良影响，致使出现教育目标的偏离，从而阻碍高校内部治理体制的转型与创新。作为高校基层管理人员应顺应我国高等教育发展的总体趋势，及时变被动为主动、变漠然为热情，淡化层级观念，摒弃权力思维，改变工作态度，提高服务意识。

高校要充分尊重广大基层管理人员在学校发展中的主体地位，突出人本管理理念，维护基层管理人员的正常需求和正当权益。一方面，基于高校管理功能，梳理复杂工作并进行有序分离，根据角色定位及要求，明确基层管理人员的岗位职责；另一方面，岗位职责不宜划分得过细，要以服务师生为导向，不同岗位的基层管理人员可以出现职责重叠，但绝对不能出现职责的“真空地带”。同时，要关注基层管理人员的心理状态、职业发展等多个方面，明确基层管理目标和达成路径，将多种工作方式和方法进行有效整合，形成基层管理人员全面、系统的工作方案。

2.提升自身职业认同

职业认同属于心理层面，是指在职业认知的基础上产生职业情感和职业归属，职业认同的提升是高校基层管理人员发展的内在心理基础。高校基层管理人员在日常工作中起着纽带作用，要能够准确理解工作的内容，制定好计划、方法并严格推进落实。及时倾听学生的诉求与建议，及时记录并做好反馈解释工作，做好协调，保证整个工作计划的顺利完成。

众所周知，职业认同的前提是文化认同，基础是理念认同。职业认同是认同的一种类型，与特定的职业特征联系在一起，这种认同是在个体内部建构起来的，是动态发展的。通过统计梳理高校基层管理人员的职业认同感，可以发现，相比高校专任教师而言，高校管理人员的地位、待遇普遍较低，从而导致其职业认同感也相对较低。

（1）将自身职责作为师德建设重点

高校基层管理人员应该对自己在学校中的定位有一个清晰的认识和了解，能够发挥师德师风的引领示范作用。首先，高校基层管理人员要认识到以身作则对学生思想道德素质建设的重要意义，重视潜移默化的熏陶，将学生的思想建设作为自身重要的工作内容之一；其次，高校基层管理人员应当积极发挥自身的岗位优势，在工作中深入思考自身能够为学生提供怎样的文化环境以及思想道德氛围，怎样通过自身的工作以及行为来影响、带动学生，从而培养德智体美劳全面发展的高素质人才。

师德师风建设绝不是一朝一夕的事情，而是日积月累的过程。高校应当建立师德师风建设长效机制，为基层管理人员积极营造风清气正的工作环境，促进师德师风修养不断提升。树立身边的榜样，让师德师风建设能够看得见、摸得着，只有让广大教师感同身受了，师德师风才能不断提高。同时，要完善师德师风考核评价体系，并将该指标体系渗透到工作的全过程。要注重表彰优秀个人，充分发挥模范带头、以上率下的作用，同时更要开展后进人员的批评教育工作；评价方式要多元化，做到多主体参与；要与学院、个人息息相关的方面挂钩，这样才能使教职工真正重视师德师风的建设，落实监督职能。

我国高度重视教师的师德师风建设，教育部相继出台了《新时代高校教师职业行为十项准则》《关于加强和改进新时代师德师风建设的意见》等文件，明确指出“把师德师风作为评价教师队伍素质的第一标准”，明确提出了教师的职业行为标准。高校基层管理人员作为高校教师群体的重要成员，必须要遵守教师职业行为准则、必须要具有良好的师德师风。

（2）建立多渠道成长机制

在高校基层管理人员的发展过程中，需要多渠道成长机制，探索推动职称评聘与职员职级制改革双轨并行，兼顾年龄、工龄与工作实绩，实现与专任教师队伍错位发展的晋升机制，建立以履职尽责为指引的常规晋升制度，试行以重要贡献为导向的“绿色通道”晋升制度，引导和鼓励基层管理人员做好职业生涯规划、树立职业追求，一以贯之地坚守岗位职责、保持履职忠诚，避免因领导职数受限引发的个人职业发展危机与困惑，着力形成“努力有奔头、工作有劲头、事业有盼头”的基层管理人员政治生态，使基层管理人员增强成就感、荣誉感、获得感，进一步提高自我认知和自我认同，不断激发工作中的内生动力，始终保持良好的精神状态。除了物质上的盼头，更要有精神层面的认可，要坚持示范引领、模范带动，深入开展激发基层管理人员干事创业的实践活动，选树一批优秀先进典型，形成崇尚先进、比学赶超的高校内部文化氛围，让每一位基层管理人员增强岗位职责的认同感、事业的荣誉感。要探索建立容错纠错机制，鼓励基层管理人员勇于创新、善于创新，营造积极宽松的工作氛围，鼓励开拓思路，运用新知识、新方法、新思路参与基层管理服务，对在改革举措、管理制度、治理方式等方面取得创新成效的基层管理人员给予充分肯定与鼓励，并在职称评定、评优评先等方面给予一定程度的倾斜，逐步构建崇尚创新、优化治理的良好氛围。

要想做好高校基层管理工作，首先要获得职业认同。所谓职业认同，就是知、情、意、行的统一，就职业认同包含的各要素而言，彼此之间形成一体、互相作用；就职业认同整体而言，职业认同是一个动态的、变化的以及持续的过程。职业认知就像一枚硬币的正反两面一样，恰当的职业认知能够对职业认同产生积极影响，反之，不恰当的职业认知则会对职业认同产生负面影响。当高校基层管理工作被认为是一种专业性的、不可替代的职业时，基层管理人员就会产生积极的职业认同感和较强的职业荣誉感，其职业的自我认同度往往比较高；反之，当高校基层管理工作被视为“谁都可以干”“跑腿的”的职业时，其从业人员的职业价值感就会相应降低。同理，若高校基层管理人员被视作高校高质量发展的重要推动力量时，其责任感、认同感、荣誉感则相应较高。

在对个体职业认同相关影响因素的探讨中，学者们普遍围绕社会因素、组织因素和个体特征三个方面展开，聚焦管理制度、组织文化、个人情感、成长经历等因素进行一系列的全面的研究。在高校基层管理人员职业认同形成的过程中，职业地位能否得到认可、欣赏和鼓励，并以一定的方式方法被其感知，决定着职业认同的强化与削弱。若职业地位获得了大家的肯定与称赞，在一定程度上强化了其职业认同；相反，则在一定程度上削弱了其职业认同。高校基层管理人员正是在这个不断循环的过程中，从最初进入管理岗位逐步过渡到接受高校管理工作所带来的职业价值、待遇和地位，最后逐渐固化为自身价值观的一部分，对职业发展产生持续的规范作用。

高校基层管理人员应该具有高度的岗位责任感。在社会中，每一个社会角色都伴随相应的权利和义务，基层管理人员在高校扮演着管理者、教育者和服务者的角色，唯有具备高度的责任感才能做好本职工作，维护高校教学、科研等日常工作的有序开展。

五、基于自我实现需求的胜任力提升策略

根据马斯洛需求层次理论，自我实现的需求是最高级的需求，人对高级需求的满足是无限的，对高级需求的不懈追求能够对人的行为产生巨大的推动力和持久的催化作用。在实际工作中，基于自我实现需求，必须有工作动机。据笔者前期的调查可知，目前大多数基层管理人员都具有硕士研究生以上学历，大多数人有独立的想法、有研究能力，有自我实现的需求。自我实现的需求是指人们不断追求实现自身的价值、能力以及潜能，并使之完善。因每个人的文化成长环境不同、文化背景不同，故自我实现的表现形式是不一样的。

1.增强自我效能感

所谓自我效能感，是指一个人对于是否能够达成赋予的特定任务的信念，这一概念出现的时间不长，由美国著名心理学家班杜拉于 1977 年首次提出。自我效能主要包括源自认知、社会及行为所衍生出来的能力，具有积极或者消极影响个体行为，使其达成目的之作用。这一概念首先被心理学界广泛接受，并引发了大量的基础和实证研究，成为成功心理学取向的重要心理变量。之后，自我效能感理论日益向组织行为学领域渗透，逐

步成为众多管理学者研究的重要课题之一。与此同时，自我效能感理论也广泛运用于实践领域中，其良好的效果也得到了充分的证实。研究证明，自我效能感是一种很强的心理暗示，合理运用则能够提高工作效率。

（1）通过自我努力完成自我实现

弗雷德·路桑斯在《心理资本》一书中指出，自我效能感“既具有特质类个体特征的特点，同时作为心理资本的成分也具有状态类个体特征的特点，因而也是可以开发的”。自我效能感是一种心理历程，会对个体的动机与行为产生影响。其一，对工作目标的影响。作为一种心理暗示，一个人对自我效能所具有的信心强度能够在很大程度上影响，甚至决定个体是否敢于直面问题，认为自己有能力处理问题的人则会勇往直前；反之，自我效能较低的人在面对困境时往往消极应对，采取回避或者视而不见的态度，主动降低对自己工作目标的要求。其二，对努力程度的影响。个体自认为有足够的知识和技能可以达成组织所设定的目标，即表示该个体在工作上具有较高的自我效能，会想当然地认为自己可以有较好的工作表现，进而愿意比他人更努力工作。其三，对持续力的影响。自我效能高的人通常觉得，只要多付出、多努力，以自身的实力足以达到目标，从而不间断迎接新的机遇和挑战；反之，自我效能的较低的人则认为，无论再怎么努力都无法准确将任务完成，因此自我效能的高低可以决定个体在面对困难和解决问题时的持续力。其四，对适应力的影响。自我效能会影响成员在威胁性或复杂性环境中，所感受到的积极的力量和沮丧的程度。若一个人相信自己可以掌控环境中潜在的威胁，有实力掌握全局，则不会产生忧虑不安的感觉，而且会维持原有的努力程度，并想方设法不断改进；而当个体的自我效能较弱时，其内心则敏感脆弱，很容易受到环境的影响，从而被负面的情绪所击败，很容易丧失信心、缺乏勇气。其五，对绩效的影响。效能与绩效的关系属于正态循环，绩效影响自我效能的同时，自我效能又对绩效产生影响，而且不断地持续循环。自我效能比较低的人，受不良心理暗示的影响，绩效也会比较低下；反之，较高的自我效能则会产生较好的绩效。

总体来说，自我效能感属于“稍微超出个体能力范围”的自我效能知觉，是完成某项任务的自信程度。基层管理人员如果在工作中遇到失败和挫折，可以归因为自身努力方面的欠缺，可以反思自己的工作、学习过程，从自身的努力程度上寻找原因，而不是一味地怨天尤人。增强自我效能感能够帮助基层管理人员克服挫折，克服内心的恐惧。众所周知，成功路上最大的敌人不是别人，而是自己。高校基层管理人员只有不断克服内心的畏难情绪、不敢直面困难的懦弱、不想进取的消极心态等消极心理暗示，敢于突破，才能取得成功。高校基层管理人员通过总结工作中的成功经验，一方面坚定自己不甘平庸、破茧成蝶的自我期待；另一方面，相信自己的工作、学习能力，坚信能力是在克服困难和完成各项艰巨任务的过程中不断增强的，用强大的心理暗示，不断增强挑战自我的信心和勇气。

（2）心理觉醒助力自我实现

所谓心理觉醒，是指积极的情绪状态和健康的身体，这是增强个体自我效能感的重要途径。在良好的情绪状态下，个体的头脑会更加灵活，注意力更集中，反应也更加迅速，遇到问题也容易找到行之有效的解决办法。美国北卡罗来纳大学教授芭芭拉·弗雷德里克森在《积极情绪的力量》一书中指出，“积极情绪可以开放我们的心灵和思想，让我们变得更好，使我们能够发现和建构新的技能、新的关系、新的知识和新的生存方式”。积极的心态、愉悦的心灵，既能让个体对努力的结果持有积极的想象，也能拓宽工作思路、增加工作的创新性，增强基层管理人员在沟通、决策、执行、落实、检查等环节中的有效性，减少消极、负面、绝望情绪，从而提升个体的自我效能感。

（3）成就最佳自我

“最佳自我”是美国密歇根大学的劳拉·罗伯茨及其同事提出的一个关于自我认识的概念。最佳自我属于心理学范畴，是指个体在自己最佳状态下展现出来的品质与特点的认知表征。通常情况下，个体对最佳自我的认知是基于真实工作、生活的经历，包括个体培养和发现的技能与特质，以及个体为了给别人带来积极影响所采取的行为。

在实际工作中，很多基层管理人员展示更多的是外显的胜任力要素，而忽视了内在要素的呈现，殊不知知识、技能可以依靠后天努力加以弥补，而内在要素则无法在后天仅凭学习而习得。基层管理人员需要专业化的知识、需要现代化的技能，但是更需要专业精神、爱岗奉献的精神。因此，在工作中，基层管理人员为成就最佳自我，务必要精准自我定位，精准自我定位就是尽可能精准地确定自己在某一个群体当中，当前的、发展的、合适的角色或位置。关于当前位置，就是通过对目前自己外显出来的胜任力素质的客观的、理性的判断，并以此来衡量自己在群体中的位置。关于发展的位置，就是通过对自己潜在胜任力要素的开发，预测自己可能达到的胜任力水平，并以此来判断自己在群体中的位置。关于合适的位置，是指无论是对当前位置的判断，还是对发展位置的判断，都要尽可能全面、客观、科学，找到最适合自己的位置，既不可大包大揽，也不能能推就推，尽可能主客观因素精准对接。精准自我定位的关键是全面、客观、科学的自我评价。

（4）注重挑战自我

自我效能感的提升需要有组织、有体系的积极干预，并全方位提供支持。心理学研究表明，一个人能做自己既感兴趣又能发挥自己优势的工作，就能保持专注，全身心投入获得工作所带来的幸福感、成就感。因此，人事部门在岗位聘用的过程中，要认真研究岗位的任务要求和每个人的不同特征，用人所长、避人所短，深入挖掘潜力，提高岗位匹配度，实现增强自我效能感和提高工作绩效的双赢目标。

人的行动总是受个体动机的驱使，因为动机而去追求挑战。人一旦有了挑战自我的动机就会被充分激活，因此，为基层管理人员合理设置目标，是激发个体内在工作动机、提升自我效能感的关键。合理设置目标，包括上级下达的任务目标，既不能太难，也不能太容易实现。如果目标太容易实现，则没有挑战性，人会感到简单乏味，长此以往则失去成就感，从而失去挑战的兴趣，甚至产生厌倦感，内在动力就会逐渐减弱；如果目标设置得太高，即使个体努力也无法实现，个体内心会出现极强的挫败感，人也会逐渐失去内在动力，从而放弃对目标的追求。因此，高校人事部门在设置工作目标时要合理合情，既不能过高，也不能过低；既要清晰，又要具体；既要保证可以实现，又要具有一定的挑战性，增加成功的体验，才能提高自我效能感。

2.鼓励管理手段创新

经济学家熊彼得曾提出“创新活动是推动经济发展的力量”，这一理念格外适用于管理学范畴。管理创新，这不仅要求管理人员要实现管理理念创新，真正实现“以师生为本”的管理理念，同时，还要求基层管理人员要实现管理机制、手段、行为等方面的创新，管理方式不能仅靠经验积累，不能依赖盲目模仿，要探索使用现代化的、信息化的管理手段。高校基层管理经常与教学活动、学科建设、社会服务、人才培养等事项紧密相连，基层管理人员自我实现与自我提高的内在动力是管理方法创新的必然要求。基层管理人员需要用新理念引领实践全过程，在提高解决实际问题能力、创新工作方式上不断探索、创新。在工作过程中，要将自身的岗位职责和自我实现与自我发展理念有机结合，有的放矢把工作成效与个人价值的实现相结合。

（1）引导逐步更新观念

在社会大背景大环境的影响下，高校基层管理人员要增强紧迫感，牢固树立“逆水行舟，不进则退”的思想，认真履行好岗位职责，创新工作方式方法，积极研究探索当前高校基层管理中出现的新机遇、新问题。

高校要加强顶层设计，多举措助力基层管理人员转变观念，举措不能仅停留在口头上，要通过提高基层管理人员的胜任力作为增强管理能力以更好服务和支撑教育、科研等职能的重要手段，进而加快实现高校治理体系和治理能力现代化。高校要加强统筹，不断优化管理方式，坚持以效率为导向，转变治理模式，充分尊重个体的差异需求和情感表达，坚持制度建设充分发挥制度的治理效能，以更加柔性化、人性化的方式使基层管理人员提高主人翁的责任感，增强职业认同感，并彰显其在管理层级中的重要主体地位，发挥主体作用，充分激发基层管理人员坚守职业忠诚、坚定职业信仰，以忠诚之志、信仰之力着力催动提升胜任力的自觉行动，从而产生更好的管理效能支撑组织目标的实现。

（2）完善竞争激励机制

高校可结合工作实际并依据国家有关规定，探索制定有利于激发基层管理人员工作创新的激励措施。比如：把基层管理人员创新能力强不强作为考核、聘用、升职的一个重要方面。再比如：设立与管理领域相关的奖励项目等。在实际工作中，对创新意识强、工作实绩突出的基层管理人员，要对其怀有包容的态度，即使在工作中出现一些差误，也要在升职、考核等方面给予优先考虑；对工作消极、思想固化、拒绝创新、怀着“我就这样，你能把我怎么着”心态的基层管理人员更要加强思想上的沟通，了解其内心的症结所在，主动疏导郁结情绪，调动起他们的工作热情，激发他们的创新意识。只有真正激发出基层管理人员的内在动力，才能开创一个崭新的工作局面。

高校要牢固树立依靠基层的观念，让基层管理人员在创新工作中敢于发声、敢于“唱主角”。对于基层职权范围内的事务，要敢于放权，做到统揽而不包揽、指导而不包办、到位而不越位。同时，高校要切实发挥好二级部门的职能作用，在选配人员、实施奖罚等工作中充分听取校内各二级部门的意见和建议，要尊重其办学自主权，不搞包揽代替。

高校，乃至各二级部门要正确地看待基层管理人员在工作创新中出现的失误。一方面，对基层管理人员创新开展工作的热情要给予肯定，鼓励其大胆尝试。另一方面，要加强指导监督，主动与基层管理人员一起总结工作中的经验教训，研究改进方法的路径，尽可能避免出现类似失误，对于有创新工作潜力的人员，要尽可能在人力、物力、财力等方面给予重点扶持与倾斜。创新就要敢于改变，在理论引导实践、实践证明理论的循环过程中不断前进。

基层管理人员积累了丰富的工作经验。遇到新情况新问题时，可以尝试通过想象、类比、延伸等方法进行创新思维，举一反三。要敢于放手让基层管理人员在实践中试错，在工作中加以总结提升，引导他们做工作上的有心人，对做过的事经常回头想一想，走过的路经常回头看一看，一点一滴地把工作中的经验、教训总结出来，真正做到过一关进一步，吃一堑长一智，使思维的利剑越磨越锋利，创新能力不断提高。

六、结论：基于马斯洛需求理论的胜任力提升路径

高校基层管理人员是普通的“人”，他们需要依赖物质、精神等最基本的生存条件，因此，必须正视及改善基层管理人员最基本的生存需求，不断满足其精神需求，使其保持在一个合理的状态，才能使高校基层管理人员全身心地投入服务工作，从而不断提升其岗位胜任力。基于高校基层管理人员的生理需求、安全需求、爱与归属需求、尊重需求以及自我实现需求进行胜任力提升策略分析，通过梳理归纳可知，提升高校基层管理人员胜任力是一项全方位、系统性工程，需要全社会的共同参与。为了更好地明确分工职责，笔者依据胜任力提升策略中的主体责任进行了分类，大致分为高校层面和个人层面两个主体责任范畴，如表 5–1 所示。

表5–1　高校基层管理人员胜任力提升策略主体责任分类

需求层次	胜任力提升策略	主体责任
生理需求	建立奖惩分明的薪酬管理体系	学校
	积极营造良好的工作环境及氛围	学校
安全需求	建立完备的制度保障体制	学校
	获得适应性的专门知识	学校、个人
爱与归属需求	增强履职尽责的使命感	个人
	不断完善自我性格	个人

续表

需求层次	胜任力提升策略	主体责任
尊重需求	明确职业角色定位	个人
	提升自身职业认同	个人
自我实现需求	增强自我效能感	个人
	鼓励管理手段创新	学校

根据分析可知，较低的需求层次是以学校层面为主导的，而需求层次越高，则越需要突出个人的主体责任。从学校层面来讲，要立足学校发展全局，完善顶层设计，高度重视并不断改善基层管理人员的工作状态，积极营造一个和谐、温馨、积极的工作环境。从个人层面来讲，要明确自己是能力强、素质高的潜力型人才，并非“打杂的”“跑腿的”，树牢正确的职业认同感，坚持以干事创业的心态做好本职工作，立足于事业的眼光看待自身职业发展。

需要强调的是，提升高校基层管理人员胜任力是一项全方位、系统性工程，此处只是强调了学校和个人的主体责任，强调要发挥其主导作用，但主体责任不能等同于全部责任，决不能忽视其他要素的职责以及辅助、促进作用，不可以偏概全，要强调团结协作，注重发挥工作合力。

第六章 基于需求理论的胜任力提升实施策略

基于需求理论构建胜任力提升策略可以将高校基层管理人员分为“强技能，强认同”“强技能，弱认同”“弱技能，强认同”“弱技能，弱认同”四类。通过前期访谈了解到，不同的基层管理人员因其胜任力不同，自身需求也有着不同的侧重点，归纳总结如图 6–1 所示。

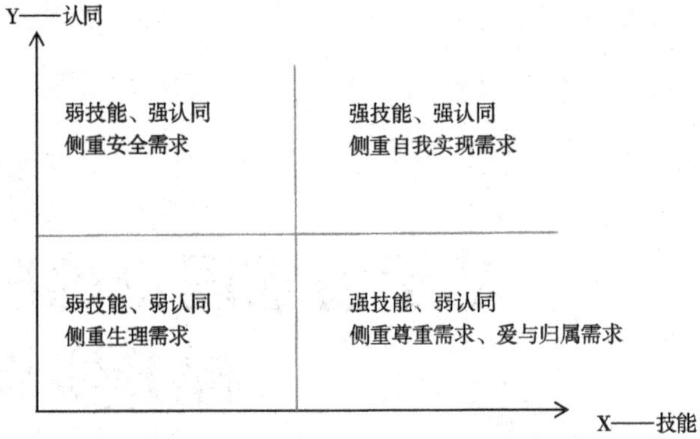

图6–1　不同类型基层管理人员的需求侧重点

诚然，每个人都有不同层次的需求，这里所划分的不同类型基层管理人员的需求侧重点其实是指一种相对的需求导向，并非绝对的需求，比如，“强技能、强认同”的基层管理人员也有生理需求、安全需求、尊重需求等，“弱技能、弱认同”的基层管理人员也有自我实现需求。笔者基于高校基层管理人员的胜任力要素，并结合访谈结果，有重点、有针对性地提出每一类高校基层管理人员的重点需求，以此为基础，提出差异化且行之有效的胜任力提升策略。此外，笔者还根据访谈情况，选取了具有代表性的高校基层管理人员进行案例分析，通过结合工作实际，更加生动、形象地展现出胜任力提升策略。

一、“强技能、强认同”基层管理人员的胜任力提升策略

“强技能、强认同”的基层管理人员已经基本具备所有胜任力要素，下一步就是如何更好地提升其胜任力要素，使其更好地发挥作用。

1.“强技能、强认同”基层管理人员的胜任力及需求特征

“强技能、强认同”的基层管理人员普遍具有较高的学历，自主学习的能力较强，工作中能够独当一面，对于自身工作职能及角色意识也有清晰的认知，热爱工作且有一定的奉献精神，其工作动机主要是为了较高层次的自我实现需求。通过前期访谈了解到，这类基层管理人员的自我实现需求是很高的，因此，提升其胜任力的关键在于满足其自我实现需求。

2.提升“强技能、强认同”基层管理人员的胜任力策略

（1）为满足其自我实现需求搭建平台

诚然，职称或职务晋升能够为高校基层管理人员提供更广阔的发展平台，但确实名额有限。一方面，如果仅仅把职称或职务晋升当作更好的发展平台，那么其自我实现需求则过于功利化，不利于长期的可持续发展；

另一方面，也不是所有的“强技能、强认同”的基层管理人员都适合领导岗位，有些人的性格不适合当领导，如过于心直口快的人当领导容易伤到人，太过谨小慎微的人当领导容易导致工作推进缓慢等；还有些人天性不喜欢受束缚，认为当领导责任太大，不如当个基层管理人员自由自在。基于此，高校就要突破晋升这座独木桥，积极为有能力有意愿的基层管理人员搭建多种自我实现的发展平台。

第一，健全校内教育管理研究课题体系。为了充分调动基层管理人员的工作积极性，更好地改进工作，最快捷也是最直接的方式是适当设立学校层面的教育管理研究课题。在访谈过程中，不少“强技能、强认同”的基层管理人员都表示，求学期间都从事过各自专业领域的研究，掌握一定的研究方法，具备良好的研究能力，希望参加工作后，也能够有机会、有途径参与课题研究。还有基层管理人员表示，自己能够在工作中发现问题，但是受综合能力所限，能够发现问题却抓不到问题本质，未能够找到彻底解决问题的办法。高校可以依据实际情况，设立校级教育管理研究课题，统筹安排一些科研经费，针对工作中需要解决的实际问题开展研究，研究成果可以是论文，也可以是调研报告。

根据前期访谈可知，很多高校都设立了校级教育管理研究课题，但是存在着一定弊端。一是缺少明确的研究方向，基层管理人员都是盲目地找课题，导致研究内容与实际工作往往是“两张皮”。所谓的课题研究只是流于形式，并非为了解决工作中的实际问题。二是对于课题主持人职务职称、工作年限等有要求，导致年轻的基层管理人员不能主持课题、年长的基层管理人员“懒得”主持课题从而影响了申报课题的积极性。

诚然，有些基层管理人员，特别是年轻的基层管理人员，他们的工作经验不够丰富，但是可以从解决一些工作中的小问题着手，以点带面，培养其发现问题、解决问题的意识与能力。笔者认为，高校不仅要设立校级教育管理课题，更要建立起匹配的管理制度。一方面，明确研究方向，高校可以立足学校发展定位与亟待解决的实际问题，有针对性地设立研究指南，避免基层管理人员盲目寻找课题。另一方面，建立阶梯式课题申报方式，设立重大课题、一般课题及支持课题。支持课题主要面向参加工作五年以内的年轻基层管理人员，鼓励他们保持研究的心态投入工作。

第二，积极搭建校际合作交流机制。“强技能、强认同”的基层管理人员是优秀基层管理人员的代表，走出校园也能代表学校水平，因此，不能将人才局限在本校当中，开阔眼界才能更好地找到符合自身自我实现需求。据前期访谈结果统计，70% 以上的基层管理人员都是毕业后直接留校工作，这样的基层管理人员比较熟悉校园环境，但是由于学习和工作环境比较单一，眼界不够宽也是不争的弊端。很多基层管理人员有意愿与兄弟院校的基层管理人员沟通交流，但是自身渠道有限，沟通方式不畅通。有些部门虽然组织去兄弟院校调研，但都是部门领导在相互“汇报”“介绍”，基层工作人员都是听“汇报”、听“介绍”，一天或半天时间，顶多相互加个微信、留个联系方式，很难有深层次的沟通交流。“强技能、强认同”的基层管理人员是有能力有意愿去展示自己、表达自己想法的，相互沟通交流也是自我实现的一种方式。

基于此，建立完备的合作交流体制机制很有必要。一方面，有针对性地开展校际合作，打破传统的调研模式，根据工作分工，以小组的模式互相学习取经，在结识兄弟院校同仁的同时，还能通过经验交流互通有无提高工作效率。另一方面，建立校际合作项目，各个高校都有其办学特色和优势学科，鼓励校际合作，才能互通有无、更好地提高工作效率。

第三，设置基层管理人员专业技术岗位。当前，高校基层管理人员要么转岗才能获得专业职称，要么走职务晋升之路，其实“教育管理”也是一个专业领域，可以根据需要在各个单位设置“教育管理”专业技术岗位。“强技能、强认同”的基层管理人员有着极强的自我实现需求，他们渴望职业生涯能够有所发展，在职务晋升路径狭窄的情况下，可以通过获得“教育管理”专业职称的方式以满足基层管理人员的自我实现需求。

根据前期调研情况，很多高校都允许基层管理人员评教育管理系列的职称，按照助理研究员、副研究员、研究员序列晋升，但是并不兑现工资，如此一来，所谓“职称评定”就是“表里不一”，只是起了“锦上添花”的作用，并不能拓宽基层管理人员的职业发展空间。诚然，不可能所有基层管理岗位都可以按照专业技术岗位而设定，当然也并不是所有基层管理人员都适合走专业技术序列之路，但可以在一些专业性比较强的岗位设立部分专业技术岗位，以供“强技能、强认同”的基层管理人员进行选择。同时，还要完善考核机制，既然按照专业技术岗位评定，就要产出科研成果。这种岗位应该属于“双肩挑”性质，一方面要完成日常的基层管理工作，另一方面要立足本岗位开展校本应用型研究，立足于如何更好地提高工作效率而开展研究，研究的目的不在于探索科技前沿理论，而在于深层次解决工作中的问题。

（2）高校要充分激发其自我实现需求

自我实现需求是指个体向上发展和充分运用自身才能、品质、能力倾向的需求。诚然，“强技能、强认同”的基层管理人员有能力、有想法，更有发展潜力，但不一定有自我实现的需求，高校要从外部条件和内在因素两方面，行之有效地激发其自我实现需求。

第一，积极营造有助于满足基层管理人员自我实现需求的良好环境。胜任力要素的运用是一个不断反馈、矫正和完善的过程，不是一朝一夕就能完成的，必须做好长远谋划，充足的人、财、物投入是胜任力要素运行的基础和必要保障。针对“强技能、强认同”的基层管理人员，要高度重视其自身造血功能的建设，鼓励其发挥主观能动性，适当安排其参加一些学校重要会议，比如全体中层干部会、教职工代表大会、学生代表大会等，深入了解学校，为其积极营造良好的发展环境，为其提供实现目标的持续动力。

第二，因人而异制定有助于满足基层管理人员自我实现需求的职业规划。同为“强技能、强认同”的基层管理人员，性格不一样、擅长领域不一样，如有人踏实严谨，有人活力满满，有人内敛含蓄，有人擅长公文写作，有人擅长信息技术运用，有人英语水平高超……因此每个人的自我发展方向也有所不同。学校要根据发展的需要，因人而异、因特长而制定发展规划，取长补短、有针对性地提升其综合能力，确保个人发展规划与学校发展需要相一致。

第三，双向互动培养有助于提升基层管理人员自我实现需求的管理能力。“强技能、强认同”的基层管理人员有着较强的角色认同，对于工作具有一定的主动性，因此，从学校层面要鼓励支持这种主动性，形成双向互动。基层管理人员直接面对师生开展管理与服务工作，对一线的管理与服务的工作内容、存在问题有深刻的体会与认识，基层管理人员要善于从实践中总结经验，改进工作的方式方法，不断提升管理服务水平。同时，从理论研究中培养管理能力，促进基层管理人员主动思考、理论学习和课题研究，推动理论研究与实证分析的结合，提出基层管理服务工作的优化对策与建议，不断提升基层管理人员的管理能力与服务水平。

案例分析

案例：郑某，女，35岁，硕士研究生毕业。读研期间的主要研究方向为教育改革与发展，现为某高校后勤部门的基层管理人员，在本岗位工作时间10年。郑某的领导及同事普遍称赞其工作能力强、工作态度好。本人连续多年年度考核优秀、师德考核优秀，曾获评校级优秀党务工作者。

通过前期访谈可知，郑某对现有工作环境及氛围是基本满意的，但总觉得自己的潜力没有完全激发出来，自己有着较好的研究能力、分析能力，却感觉“无用武之地”。虽然多次参与或主持学校教育管理方向的课题研究，但感觉收获甚微。

后来，部门领导让郑某参与学校后勤社会化改革工作。通过去兄弟院校调研，进一步开阔了工作思路。郑某在总结多年来工作经验的基础上提出了一些行之有效的改革举措，获得了师生们的普遍认可。郑某本人也很高兴能够获得施展才能的机会，工作干劲儿更足了。

结合日常表现及访谈情况大致梳理一下该名基层管理人员原本的胜任力要素，如表 6–1 所示：

表6–1　胜任力要素评价（1）

知识	技能	角色意识	性格品质	价值观念	工作动机
高	高	高	高	高	未知

注：此处所标注的“高”以其所在高校基层管理人员的平均水平为标准。

由此可知，除了工作动机无法准确知晓外，该名基层管理人员的胜任力要素普遍较高。要提升其胜任力，根本的做法是满足其自我实现需求。为此部门领导针对郑某对职业发展的需求，主动为其提供了更多的发展平台和展示机会，使其的潜力得到了充分激发。

二、“强技能、弱认同”基层管理人员的胜任力提升策略

“强技能，弱认同”的基层管理人员工作潜力很大，但这也是工作中最大的变量。如果能够激发这类人员的胜任力，会有意想不到的收获和效果。这类基层管理人员以刚入职的年轻人居多，身份没有及时转换，还没有适应职业要求。

1.“强技能、弱认同”基层管理人员的胜任力及需求特征

从胜任力角度来说，这类人员往往具有良好的知识技能，但是还没有树牢正确的职业价值观。职业价值观是一个复杂的心理系统，是一种内隐的影响机制。“强技能、弱认同”基层管理人员的工作动机往往比较单一，主要是为了满足生理需求、安全需求等，但其实这类人员最主要的需求是爱与归属需求、尊重需求。

2.提升“强技能、弱认同”基层管理人员的胜任力策略

（1）树牢正确职业价值观，满足其尊重需求

职业价值观作为价值观在职业上的体现，属于思想领域的范畴，具有多维度、立体化的结构。职业价值观包括内在价值、外在价值、社会价值等。每个人都有自己的原生家庭与成长轨迹，不同的家庭背景、受教育程度，直接造就了不同的性格特征，也直接影响着每个人的生活态度、接人待物等方式方法。对于基层管理工作而言，主要服务和工作的对象是全体师生，不同性别、年龄、教育背景的基层管理人员在面对不同问题甚至是相同问题时，处理的方式方法和态度语言都有所差异，有的人稳重、不慌不忙，有的人风风火火、雷厉风行，也影响着他们的工作成效。职业价值观是一个复杂的心理系统，可以从自身行为中看出一二，内隐地影响着基层管理人员的工作态度和行为。

（2）树牢正确职业目标，满足其爱与归属需求

“强技能、弱认同”的基层管理人员，缺少明确的职业目标是其胜任

力缺失的重要原因之一。职业目标模糊的原因主要在于基层管理岗位发展定位的模糊性，高校往往没有给基层管理人员指明方向，这样就会使他们处于迷茫的状态。各高校总是高屋建瓴地提出工作思路与方向，强调基层管理人员要做到管理育人、立德树人等，但是如何实现立德树人、管理育人，高校却没有指明具体路径，基层管理人员的工作非常繁琐和忙碌，这就使其自身难以进行有效明确的目标定位。比较模糊的角色定位会直接影响到高校乃至全社会对基层管理人员职业的认同程度，科学合理地定位基层管理人员在高校中的角色，不但需要依靠教育决策等政府部门的文件定义，而且更需要通过全面系统的科学论证，从不同的理论视角、环境视角、实践视角分析基层管理人员的工作职责和具体目标，因人而异研究个性化岗位职责，因时因地动态调整职责边界，实现全面发展。

马克思关于人的全面发展的论述强调实现人的自由、解放和全面的发展。具体到高校基层管理人员身上，要让基层管理人员具备全面、自由发展的空间和机会。从顶层设计层面，高校需要给基层管理人员明确的、可操作的政策引导，为基层管理人员的职业发展奠定坚实的基础。清晰的政策引导能够让基层管理人员树立明确的发展目标，以及相对清晰的努力方向。基层管理人员具备一定的职业选择权，可根据自身的能力水平和兴趣特点选择今后的发展方向与空间，不同的职业目标会导致不同的发展路径，高校需要有包容的胸怀，尽量尊重基层管理人员的选择，同时为其提供更为广阔的发展平台。

案例分析

案例：马某，男，26 岁，硕士研究生毕业。读研期间的专业方向为计算机应用技术，现为某高校二级学院教务管理人员，入职时间 1 年半。马某的日常工作主要面向专任教师和学生。有专任教师反映马某“能够按时保质完成工作，但给人感觉整天心不在焉的”；也有学生反映“询问选课的问题时，马老师说话的语速太快了，给人一种不耐烦的感觉”；还有同事反映其整天把“辞职”“跳槽”挂在嘴边。

通过前期访谈可知，马某在学习期间成绩优秀，毕业时曾有多个就业岗位选择，最后出于离家近、有寒暑假、工作稳定等因素的考虑，选择成为一名高校基层管理人员。马某觉得，入职前自己是“人类灵魂的工程师”，入职后却一直在干“打杂”的工作，打印材料、接待学生来访等，感觉自己的工作内容毫无技术含量，心理落差很大，自己明明有着很好的专业技能，却无处施展。

随着教育数字化的广泛应用，对部分岗位的信息化专业技能要求也越来越高。学校负责人充分利用马某的计算机专业技能，让其定期为其他基层管理人员进行信息化技术应用能力培训，还推荐其参加信息化研修班。通过发挥其专业特长，使马某逐渐认识到了本岗位的重要性，进一步明晰了工作职责，从而找到了角色认同，工作也越来越有积极性。

结合日常表现及访谈情况大致梳理一下该名基层管理人员原本的胜任力要素，如表 6–2 所示：

表6-2　胜任力评价（2）

知识	技能	角色意识	性格品质	价值观念	工作动机
高	高	低	低	低	低

注：此处所标注的“高”“低”是相对于该名基层管理人员的胜任力要素而言。

由此可知，该名基层管理人员的胜任力显性特征比较高，隐性特征相对比较低。要提升其胜任力，其根本做法是满足其爱与归属需求及尊重需求。学校领导通过发挥马某的专业优势，使其职业价值观得到提升，内化了工作动机，从根本上激发了工作积极性。

三、“弱技能、强认同”基层管理人员的胜任力提升策略

随着高校基层管理人员的入职门槛和任职条件越来越高，“弱技能、强认同”的基层管理人员所占的比例并不大，这类人员主要包括军队转业干部、随调家属等经由非公开招聘渠道而入职的人员。此处所说的“弱技能”并非是指学历低，而是指符合岗位需要的教育学、管理学方面的知识、技能相对薄弱。有些军队转业干部、随调家属具有本科及以上学历，但是受自身学科专业所限制，无法或者本人不愿意成为专任教师，从而选择了基层管理工作。

1.“弱技能、强认同”基层管理人员的胜任力及需求特征

相对而言，“弱技能、强认同”的基层管理人员大多为中年人，“上

有老、下有小”，生活压力比较大，这类人员对工作有进取之心，对于自身职业角色的认可度也比较高，主要需要提升符合岗位需求的知识技能，提升其胜任力的要素除了满足其生理需求以外，关键在于满足其安全需求。

2.提升“弱技能、强认同”基层管理人员的胜任力策略

（1）提供自主学习的资源和方法，获得安全需求

提升“强技能、弱认同”基层管理人员的胜任力，提升其知识技能等显性因素是关键，也是必由之路。基层管理人员要具有自主学习的意识，但是，自主学习究竟应该学什么？很多基层管理人员还不够明确，特别是“弱技能”的基层管理人员不知道该学习什么。

第一，作为管理者，高校基层管理人员要及时学习领会党的教育方针政策，充分了解高等教育的发展方向，才能有效发挥其支撑作用。比如：现阶段国家提出了教育数字化的发展目标，《教育部2022年工作要点》中提出：“把全面启动国家教育数字化战略行动作为一项重大工程，加速推进教育数字化”的要求。作为基层管理人员，就要理解教育数字化的意义，主动将数字化融入日常工作中，从而提升工作效能。再比如：2015年，党中央、国务院印发了《统筹推进世界一流大学和一流学科建设总体方案》将“建设一流师资队伍、培养拔尖创新人才、提升科学研究水平、传承创新优秀文化、着力推进成果转化”等作为“双一流”建设的主要任务。2022年1月，立足新发展阶段，为更好地贯彻新发展理念，教育部、

财政部、国家发展和改革委员会印发了《关于深入推进世界一流大学和一流学科建设的若干意见》，公布了新一轮“双一流”建设高校及建设学科名单，这既反映了“双一流”建设是我国高等教育发展的引领性和标志性工程，也体现了国家对加快迈向教育现代化和高等教育强国的一以贯之的重视和重大的战略部署。高校基层管理人员胜任力的提升源于个体的主观能动性和外部力量的引导和激发。我国高等教育领域正处于全面深化改革的关键时期，对基层管理人员的知识和技能的要求也在不断提高，这是高校基层管理人员胜任力提升的最佳契机。

具体到实际做法，一是要关注国内外与高等教育相关的新闻，利用碎片化时间阅读新闻，及时了解党和国家对教育，特别是高等教育的导向及要求。二是认真听取学校会议精神。有些基层管理人员出席学校的会议，人到现场但心不在焉，感觉学校的方针政策与自身发展无关。实则不然，基层管理人员必须紧紧依靠学校发展方向，才能实现个人的发展愿景。三是要关注最新的教育研究成果，利用零星的时间在中国知网、维普等网站上搜索最新的关于教育领域的期刊论文，高校也应该给基层管理人员订阅一些关于高等教育的学术期刊，供其随时阅读。

第二，作为教育者，要掌握科学的管理育人的方式方法。2015 年，中共中央办公厅、国务院办公厅印发的《关于进一步加强和改进新形势下高校宣传思想工作的意见》中强调指出，要立足学生全面发展，努力构建全员、全过程、全方位的育人格局，形成教书育人、实践育人、科研育人、管理育人、服务育人的长效机制。全面落实立德树人的根本任务，需要构建“大思政”的理念。新时代，要将教育与管理融合在一起，是实现高校立德育人的必经之路，也是“大思政”格局构建的关键。

管理育人的实践过程主要依靠管理干部的综合能力素质，一名具备丰富基层管理经验、拥有较高思想道德水平的教育者会充分结合管理工作的实际情境，发挥管理育人的最大效果。因此，加强基层管理人员的队伍建设、提升专业技能水平是落实管理育人机制的重要举措和必要手段。管理者的专业技能主要体现在三个方面；首先，自身道德品质是否可以为人师表，基层管理人员经常要面对师生，言谈举止、工作态度是否高尚，直接影响着基层管理人员的专业性。一名师德师风存在缺陷的基层管理人员是不可能实现管理育人的；其次，管理育人的手段方式是否妥当，充分挖掘立德树人与日常工作中的内在联系，将育人的意识贯穿基层管理的各个方面，不放过每一个育人的机会，这是管理育人专业水平高低的重要体现；最后，基层管理人员能否与时俱进更新自身知识体系，社会在不断进步、不断发展，教师、学生群体的变化受社会影响巨大，这就要求基层管理者能够根据群体价值观的变化适时调整育人的方法和策略，比如：对待大学一年级和大学四年级的学生，说话的方式、态度必须要有所差别，才能够用最新的教育理念实现管理育人的职责。

具体到操作层面，一是基层管理人员要深入一线积累教育经验。很多高校都设立了兼职辅导员、兼职心理咨询师等岗位，基层管理人员可以尝试通过兼职岗位了解师生的所思所想，并通过不断实践积累教育经验。二是要加强师德师风建设。师德师风指的是人的品行方面的内容，是指教师将自己原本拥有的道德素养同自身职业相结合，形成内在约束体系的总称。这是一个不断变化的、随时发展的复杂的过程。进入新时代，这种要求会更加严格，并且需要教职工在教学中、在管理实践中不断提升自己的认知，以及用专业知识武装头脑，在工作实践中所表现出的道德行为。

（2）充分利用个体的优势安排合适岗位，满足其安全需求

从高校层面来讲，可以强化其隐性的胜任力要素，弱化显性的胜任力要素。第一，要保持理性宽容对待。很多“弱技能、强认同”的基层管理人员都是年龄偏大的老教职工或者是随调家属，绝大多数是受知识水平或年龄所限导致知识、技能偏弱，因此不能盲目要求其提升知识技能，要充分利用他们的工作热情和工作阅历，比如：很多老教职工都是“活的校史志”，能够为大家提供必要的历史资料；有些随调家属也是很好的“知心大姐”，可以为大家“排忧解难”等，我们要看到这些人的价值，不能因为其技能水平不强就忽视了他们的作用。第二，为其选择适合的基层管理岗位，发挥其“强认同”的优势。在选择匹配的基层管理岗位时，不要强人所难地安排一些知识技能水平要求比较高的岗位，每一个基层管理岗位职责不同、所需的技能不同，所侧重的胜任力要素也不尽相同，比如：校龄较长的老职工可以去校史馆或档案馆发光发热，善于“排忧解难”的职工可以去工会为大家服务等。第三，适当弥补其“弱技能”的劣势，以提高其整体素质。在实际工作中，其实我们能感受到出于对岗位的热爱，很

多“弱技能”的基层管理人员是有学习提升的意识和愿望的，但是受客观因素所限，学习的接受能力确实比较弱，因此，对他们的教育培训要因材施教，学校可以给这些人员专门开设适合他们的继续培训课程，只不过不同于其他培训，这类培训主要以工作岗位所需要的知识和技能为要务，不必去请各领域的专家学者，可以安排一些年轻老师或优秀学生帮助他们提升知识和技能，满足其安全需求。

案例分析

案例：刘某，男，43 岁，本科学历，军队转业来到某高校党务部门工作，来校工作 3 年。据刘某的领导及同事反映，刘某对工作特别有热情，加班从无怨言，但是对学校发展情况不够了解，经常给人一种“热情过度”或工作得“驴唇不对马嘴”的感觉。

通过前期访谈可知，刘某从小就有当老师的理想，因此很珍惜这次能来高校工作的机会，也想在岗位上干出成绩，但是能感觉到自己的劲儿用错了地方，甚至有些不讨人喜欢，但是却不知道该如何调整。

后来，学校及所在部门多次安排其参加各类技能培训班，或前往兄弟院校调研等，在提升专业技能的同时，让刘某有机会充分了解高等教育的发展方向，明晰学校的发展目标。刘某本人悟性也很强，很快就发现了在高校工作与原岗位的不同之处，及时调整了工作方法、工作方式，工作能力显著提升，获得了人们的认可。

结合日常表现及访谈情况大致梳理一下该名基层管理人员原本的胜任力要素，如表 6–3 所示：

表6-3　胜任力的评价（3）

知识	技能	角色意识	性格品质	价值观念	工作动机
低	低	高	高	高	高

注：此处所标注的“高”“低”是相对于该名基层管理人员的胜任力要素而言。

由此可知，该名基层管理人员的胜任力显性特征比较低，隐性特征相对比较高。要提升其胜任力，根本在于满足其安全需求，关键在于提升与岗位相关的知识和技能。学校及部门领导充分认识到刘某的胜任力要素缺陷，主动为其提供多渠道提升途径，为其提供知识技能上的安全感。同时，充分利用其角色意识及内在工作动机，使其胜任力显性特征得到了有效提升，其综合素养也得到了明显加强。

四、“弱技能、弱认同”基层管理人员的胜任力提升策略

高校中“弱技能，弱认同”的基层管理人员所占比例不大，但是所造成的不良影响绝对不可忽视。如果严格按照胜任力模型要素标准，这类人员其实是不能胜任基层管理岗位的。可能有人觉得既然不具备胜任力，直接开除或转岗就可以了。实践中，由于某些历史或政策原因，这类人不能简单“一开了之”，但如果任其自由发展、听之任之，也不是长久之计，长此以往，“不患寡而患不均”，容易影响其他基层管理人员的情绪。根据前期访谈可知，各高校都有一些这样的基层管理人员，大家普遍对其怨言

比较大。如果不能有效提升其胜任力，一方面，容易造成编制、岗位的浪费，目前大多数高校都面临着编制、岗位设置的制约，必须提高每一个岗位的职能效率，才能有效提升工作效能。另一方面，这类人容易传播不良工作作风，间接影响整个部门的工作风气。

1.“弱技能、弱认同”基层管理人员的胜任力及需求特征

“弱技能、弱认同”的基层管理人员，所有胜任力要素都需要提升，但是他们绝对不会主动去提升，他们的需求主要是生理需求，也是最基本的需求。很多高校领导都存在“老好人”思想，不愿意“逼人太甚”，只是象征性扣点钱，因此，对于这类人就算是扣点工资，也能满足其基本的生活需求。

2.提升“弱技能、弱认同”基层管理人员的胜任力策略

对于“弱技能、弱认同”的基层管理人员，可以采取刚性与柔性相结合的方式以提升其胜任力要素。

（1）通过共情使其产生身份认同

所谓“共情”，最初属于心理学范畴，后来被广泛运用于道德领域。在道德领域，共情的要义在于个体将对象或他人进行主体化，即主体将自己置于他人的角度思考问题，与对方产生情感共鸣，并刺激主体做出符合善的行为。共情包含认知与情感因素，既涉及道德认识能力，又涉及道

德情感能力，两种能力的有机整合形成道德共情能力。国内学者佘双好在《毕生发展心理学》一书中提出，共情能力作为人类特有的一种体验他人情绪情感的道德能力，是一种替代性的情绪情感反应，是个体设身处地为他人着想、识别并体验他人情绪和情感的心理过程。

虽然“弱技能，弱认同”的人可能不是一个合格的工作人员，但也是有血有肉的人，可以适当采取柔性策略。第一，可以通过让他们亲身参与学校重大事项来引发共情。国内研究者闫志英、卢家楣在《情境真实性对悲伤移情调节的ERP证据》一文中通过实证研究发现，个体在真实情境中表现出的情感比在观看电影画面时表现出的情感有更为明显的共情反应。因此，可以让“弱技能，弱认同”人员多参与学校的重大活动，比如：校庆、开学典礼、学校运动会等，通过真实的情境产生身份认同。第二，可以用榜样的力量感染引起共情。比如：可以选择安排一些榜样人物与其共同工作，或者有相似生活经历的优秀人员与其并肩作战，尽可能起到示范带头作用。

（2）以制度规范明确岗位职责

相较之其他管理人员，针对这类人员，必须采取刚性的制度管理策略，通过明确工作任务的完成时限以及完成标准，从而避免工作拖拉或因完成的质量不高而达不到工作标准。同时，要建立必要的奖惩制度，虽然不能调离岗位，但可以明确薪酬导向。如果没有按时按规定完成任务，就要扣除相应的薪酬，通过强制性手段督促这类人员按规定完成任务。如果只是怕得罪人而不敢“动真碰硬”，这对于大多数积极热情高质量完成工作的人，显然是不公平的。

案例分析

案例：张某，男，53 岁，高中学历，原为举重运动员，退役后分配来某高校保卫部门工作，来校时间 15 年。据张某的领导和同事反映，张某没有任何的工作积极性，心情好就干、心情不好就以能力不足或身体不适为由不干了，迟到早退更是常事。由于人员有限，他不干的工作自然得有人替他去干。对此，大家怨声载道，部门领导多次找其谈话，但收效甚微。

通过前期访谈可知，张某对工作岗位谈不上喜欢、也谈不上讨厌，用他自己的话说就是“能正常发工资，退休后能按时领退休金就行”。同时，张某也觉得“我不好好干，学校也不能辞退我；我好好干，受年龄、学历所限，也不会有太大的发展空间，那为什么要好好干呢？”

后来，部门领导进一步明确了每一个岗位的工作职责、各项工作完成时限等，每周召开例会汇报工作进展，紧盯每一项任务的落实情况，未能按时完成到位的人员需要在本部门全体工作人员面前解释说明原因及后续要采取的弥补措施；若长期完不成工作任务，则影响年底的绩效工资发放。同时，若遇到重大活动，则部门全员参与其中，然后根据贡献程度进行表彰和奖励。刚开始，张某并不配合工作，召开例会时总是找理由不参加，到年底按规定扣除了其部分绩效工资。张某虽不愿意被扣除工资，但鉴于已有明文规定也只能接受。通过工作职责的明确和规章制度的落实，张某的工作态度逐渐有所转变，部门领导也及时在工作微信群和例会中对其进行了表扬和鼓励，使张某的工作作风日趋向好。

结合日常表现及访谈情况大致梳理一下该名基层管理人员原本的胜任力要素，如表 6–4 所示：

表6–4　胜任力评价（4）

知识	技能	角色意识	性格品质	价值观念	工作动机
低	低	低	未知	低	低

注：此处所标注的“低”是以其所在高校基层管理人员的平均水平为标准。

由此可知，除了性格品质无法准确知晓外，该名基层管理人员的胜任力要素普遍较低。要提升其胜任力，必须以完备的制度保障为基础，以其基本的生理需求为底线，刚柔并济予以推进。部门领导针对张某的日常表现，以明确岗位职责为着力点，进一步规范了工作流程，明确了完成时限，加之及时的鼓励和表扬，使其工作态度有所改善。

总之，无论是什么类型的基层管理人员，都要积极引导，充分给予信任，用良好的政策引导为他们点燃前进的方向，不断激发其胜任力。对于基层管理人员而言，要培养乐观的品质，避免其因职业发展受限而产生消极情绪，以长远的眼光看待事业的发展，提升工作的专业性，从而逐步提高自身综合素养。

结 语

教育是国之大计、党之大计。站在两个百年历史交汇点上，面向中华民族伟大复兴的光明前景，高等教育被赋予了新的历史使命。习近平总书记在党的二十大报告中强调“加快建设高质量教育体系”，赋予了教育新的战略地位、历史使命和发展格局，为新时代高等教育改革发展指明了前进方向。实现“高质量教育体系”的建设目标，推进治理体系和治理能力现代化是其中的重要环节，也是必由之路。

实现高校治理体系和治理能力现代化，需要学校决策层面提高站位、统筹规划，需要学校中层干部全面推进、加强督导，更需要学校基层管理人员立柱架梁、打好基础。因此，提升高校基层管理人员的胜任力任重道远、责无旁贷。

本书基于马斯洛需求理论，结合前期调研和访谈情况，有针对性地提出高校基层管理人员胜任力提升策略，在写作过程中，力求既能够立足根本、突出重点，又能够统筹兼顾、变革创新。立足学校整体层面，要以深化新时代教育评价改革为契机，建立健全教育评价制度和机制，深入推进人事制度改革、职称评聘改革、绩效分配改革、资源配置改革等，促进基层管理人才的充分流动，激发发展活力，壮大发展效能。从个体层面来看，应树立正确的人生观、价值观、世界观，立足发展大局把握个体发展目标，学会自我调节，努力完善自我、健全人格，不断提升自身的综合能力，以胜任力提升为抓手，更好地适应岗位发展需求，从而实现个人发展与岗位需求“双赢”的局面。

参考文献

著作类

[1] 马斯洛 . 自我实现者的创造力 [M]. 北京 : 华夏出版社 , 1987.

[2] 朱智贤 . 心理学大词典 [M]. 北京 : 北京师范大学出版社 , 1989.

[3] 克拉克 . 高等教育系统 [M]. 王承绪 , 译 . 杭州 : 杭州大学出版社 , 1994.

[4] 黄宗智 . 长江三角洲小农家庭与乡村发展 [M]. 北京 : 中华书局 , 2000.

[5] 薛天祥 . 高等教育学 [M]. 桂林 : 广西师范大学出版社 , 2001.

[6] 黄专成 , 程晋宽 . 教育管理论 [M]. 上海 : 上海教育出版社 , 2001.

[7] 茂生 . 管理心理学 [M]. 北京 : 中国科学技术大学出版社 , 2001.

[8] 欧文斯 . 教育组织行为学 [M]. 窦卫霖 , 温建平 , 王越 , 译 . 上海 : 华东师范大学出版社 , 2001.

[9] 刘捷 . 专业化：挑战世纪的教师 [M]. 北京 : 教育科学出版社 , 2002.

[10] 范进学 . 权利政治论 [M]. 济南 : 山东人民出版社 , 2003.

[11] 克尼基 , 威廉姆斯 . 管理学基础 [M]. 梁巧转 , 译 , 北京 : 中国财政经济出版社 , 2004.

[12] 张维迎 . 大学的逻辑 [M]. 北京 : 北京大学出版社 , 2004.

[13] 马万华 . 从伯克利到北大清华——中美公立研究型大学建设与运行 [M].

北京：教育科学出版社，2004.
[14] 雷恩．管理思想的演变 [M]. 李柱流，赵睿，译．北京：中国社会科学，2004.
[15] 胡君辰．人力资源开发与管理 [M]. 上海：复旦大学出版社，2005.
[16] 夏托克．成功大学的管理之道 [M]. 李莉萍，译．北京：北京大学出版社，2006.
[17] 金忠明，林炊利．走出教师职业倦怠的误区 [M]. 上海：华东师大出版社，2006.
[18] 董克用．人力资源管理概论 [M]. 北京：中国人民大学出版社，2007.
[19] 派克．少年人走的路 [M]. 于海生，译．长春：吉林文史出版社，2007.
[20] 刘烨．马斯洛的人本哲学 [M]. 呼和浩特：内蒙古文化出版社，2008.
[21] 杜赞奇．文化、权力与国家 [M]. 南京：江苏人民出版社，2008.
[22] 路桑斯．心理资本 [M]. 北京：中国轻工业出版社，2008.
[23] 弗雷德里克森．积极情绪的力量 [M]. 北京：中国人民大学出版社，2010.
[24] 罗宾斯，库尔特．管理学 [M]. 北京：清华大学出版社，2011.
[25] 明茨伯格．管理工作的本质 [M]. 方海萍，译．北京：中国人民大学出版社，2012.
[26] 马斯洛．动机与人格 [M]. 李静雯，朱兴媛，译．北京：中国人民大学出版社，2012.
[27] 法约尔．工业管理与一般管理 [M]. 北京：机械工业出版社，2013.
[28] 佘双好．毕生发展心理学 [M]. 武汉：武汉大学出版社，2013.

[29] 陈洪安，陈书心，诸志强．微权力：小员工大成就 [M]. 北京：北京大学出版社，2016.

[30] 蒲实，陈赛．大学的精神：教育是让一个人成为最好版本的自己 [M]. 北京：中信出版社，2017.

学位论文类

[1] 黄慧利．论高校人事制度改革 [D]. 长沙：湖南师范大学，2006.

[2] 丁亦江．高校基层行政管理人员激励方式研究 [D]. 贵阳：贵州大学，2009.

[3] 黄琴．高校教师申诉制度研究 [D]. 武汉：华中农业大学，2009.

[4] 司豫秦．影响高校基层行政人员工作积极性的因素研究 [D]. 西安：西北大学，2010.

[5] 马婷婷．高校行政管理人员角色错位研究 [D]. 曲阜：曲阜师范大学，2012.

[6] 梁涛．高校辅导员胜任力、自我效能感与工作绩效的关系研究 [D]. 武汉：武汉大学，2012.

[7] 杨春．我国高校管理人员专业化建设研究 [D]. 兰州：兰州大学，2013.

[8] 章宪．人的全面而自由发展理念下高校管理人员专业化建设研究 [D]. 苏州：苏州大学，2013.

[9] 肖敬武．高校基层行政人员能力建设现状与提升策略 [D]. 广州：华南理工大学，2015.

[10] 高静．高校基层行政人员职业倦怠研究 [D]. 苏州：苏州大学，2015.

[11] 李倩．基于马斯洛需求层次理论的高职院校青年教师发展研究 [D]. 成

都：西南交通大学，2015.
[12] 张安琪．高校基层行政人员职业倦怠状况及其激励策略研究 [D]. 西安：西北大学，2016.
[13] 何淑通．高校管理人员专业发展研究 [D]. 南京：南京师范大学，2017.
[14] 张琳琳．高中行政人员职业倦怠的现状与对策研究 [D]. 郑州：郑州大学，2017.
[15] 马英．高校辅导员职业价值观与工作绩效关系研究 [D]. 大连：大连理工大学，2017.
[16] 程莎妮．"双一流"建设背景下高校管理人员培养机制研究 [D]. 上海：上海师范大学，2018.
[17] 靳利粉．"双一流"建设高校基层行政人员激励机制研究——以河南省 H 大学为例 [D]. 郑州：河南大学，2019.
[18] 李小红．新建本科高校管理人员培训开发问题研究 [D]. 西安：长安大学，2019.
[19] 王平稳．高校行政人员工作压力与工作倦怠关系实证研究 [D]. 湘潭：湘潭大学，2020.
[20] 李虹．知识管理视域下高校教师胜任力研究 [D]. 长春：东北师范大学，2021.
[21] 李文英．乡村教师支持的政策供给与个体需求匹配研究——以山东省为例 [D]. 济南：山东师范大学，2022.
[22] 郭跃驰．高校基层行政人员激励研究——以天津市 S 大学为例 [D]. 天

津：天津商业大学，2022.

[23] 谢晓玲 . 共情对大中小学生道德决策的影响及教育路径 [D]. 南宁：广西大学，2022.

[24] 瞿晶晶 . 高校管理育人功能研究 [D]. 海口：海南师范大学，2022.

[25] 薛夏辉 .S 学院基层管理人员专业能力提升路径研究 [D]. 郑州：河南财经政法大学，2022.

期刊论文类

[1]McClelland D C.Testing for Competence Rather Than for Intelligence[J]. American Psychologist,1973,28.

[2]Kanungo R N.Managerial Resourcefulness: A Preconception of Management Skills[J]. Human Relations,1994,45(12).

[3] 赵宏强 . 试论价值观念对教育管理成效的影响 [J]. 江苏高教，1994(1).

[4]Mc Innis C. Academics and Professional Administrators in Australian Universities: Dissolving Boundaries and New Tensions[J].Journal of Higher Education Policy and Management,1998,20(2).

[5]Hartley D. Realizing the University in An Age of Supercomplexity[J]. Journal of Education for Teaching,2000,26(3).

[6] 罗双平 . 职业选择有道可循 [J]. 中国人才，2000(5).

[7] 王重鸣，陈民科 . 管理胜任力特征分析：结构方程模型检验 [J]. 心理科学，2002(5).

[8] 仲理峰，时勘．胜任特征研究的新进展[J]. 南开管理评论，2003(2).
[9] 赵曙明，龚放，顾建平，等．建立现代大学的重要之举——深化我国高校人事制度改革的政策建议[J]. 高等教育研究，2005(4).
[10] 周文霞，郭桂萍．自我效能感：概念、理论和应用[J]. 中国人民大学学报，2006(1).
[11] 林日团，莫雷，王瑞明，等．高校中层管理干部胜任力模型的初步建构[J]. 心理科学，2007(6).
[12] 王英杰．大学学术权力和行政权力冲突解析——一个文化的视角[J]. 北京大学教育评论，2007(1).
[13] 单坚．摆脱职业倦怠，提升自我价值感——高校行政管理人员职业倦怠现象的探讨[J]. 南京广播电视大学学报，2009(1).
[14] 朱德友．高校激励机制建设研究论纲[J]. 湖北社会科学，2009(11).
[15] 周杰，孙江丽，李昌祖．基于成长性需求的高校青年教师激励机制研究[J]. 教育探索，2009(6).
[16] 刘新华．略论管理者的人格魅力[J]. 福建论坛(社科教育版), 2009(9).
[17] 姜良杰．高校行政办公人员的胜任力模型构建[J]. 华北电力大学学报(社会科学版), 2010(1).
[18] 刘敏．高校行政管理人员职业倦怠现象探析[J]. 甘肃高师学报，2010, 15(5).
[19] 蒋兆雷．高校普通行政管理人员职业倦怠研究[J]. 广西大学学报(哲学社会科学版), 2010, 32(3).

[20] 王文 . 高校激励机制的扭曲与矫正 [J]. 高教论坛 , 2010(5).

[21] 张拥军 . 用科学发展观指导高校中层干部考核工作刍议 [J]. 学校党建与思想教育 , 2010(8).

[22] 钟秉林 . 关于大学“去行政化”几个重要问题的探析 [J]. 中国高等教育 , 2010(9).

[23] 吴铁坚 . 高校行政管理人员职业倦怠探析及对策研究 [J]. 赤峰学院学报 (自然科学版), 2011, 27(8).

[24] 钱德凤 . 基于现代人力资源理论的高校人力资源管理者队伍建设 [J]. 中国成人教育 , 2011, 22(8).

[25] 姚林 . 高校行政管理人员胜任力模型的实证研究 [J]. 人力资源管理 , 2012(9).

[26] 姚井君 . 马斯洛需求层次理论下的高校情境教育模式探讨 [J]. 重庆科技学院学报（社会科学版）, 2012(7).

[27] 王刚 . 高校基层行政人员职业倦怠现象调查及研究 [J]. 宜春学院学报 , 2012, 34(4).

[28] 杜艳华 . 高校行政人员如何建立良好的人际关系 [J]. 黑龙江生态工程职业学院学报 , 2013, 26(2).

[29] 冯文春 . 浅谈提高高校基层管理人员创新能力 [J]. 时代教育 , 2013(7).

[30] 容泽文 . 基于胜任力模型的高校行政管理人员体系建构 [J]. 学术论坛 , 2013(8).

[31] 祁艳朝 , 于飞 . 高校教师胜任力模型的思考 [J]. 黑龙江高教研究 , 2013, 31(9).

[32] 董晓林，马连杰．高校行政管理人员胜任力与工作绩效的关系 [J]. 高等教育研究，2013, 34(10).
[33] 王惠琴，何怡平．高校基层行政人员职业倦怠分析及应对策略 [J]. 湖南省社会主义学院学报，2014(6).
[34] 兰石财，李秀锦，兰仙平．高校行政管理人员激励机制的构建 [J]. 管理工程师，2014, 19(6).
[35] 陈超．积极心理学视野下高校行政人员职业倦怠探究 [J]. 长春工业大学学报 (高教研究版), 2014, 35(3).
[36] 郭俊．高校管理人员“职业倦怠”与价值重构——基于 8 所本科高校的实证研究 [J]. 高教探索，2014(3).
[37] 何齐宗，熊思鹏．高校教师教学胜任力模型构建研究 [J]. 高等教育研究，2015, 36(7).
[38] 刘王德馨．高校行政管理人员职业倦怠问题研究 [J]. 知识经济，2015(23).
[39] 孙阳．高校行政人员职业倦怠及对策研究 [J]. 哈尔滨学院学报，2015, 36(12).
[40] 陈玉萍．高校行政人员职业倦怠现状及改进对策探析 [J]. 佳木斯职业学院学报，2015(2).
[41] 闫志英，卢家楣．情境真实性对悲伤移情调节的 ERP 证据 [J]. 心理学报，2015，47(8).
[42] 李新．高校基层行政人员职业倦怠对策探析 [J]. 办公室业务，2015(3).

[43] 陈伟一 . 关于性格与职业的匹配问题研究 [J]. 才智 , 2016(1).

[44] 郑田 , 田辉 . 高校基层行政管理人员激励模式研究 [J]. 广东轻工职业技术学院学报 , 2016(6).

[45] 李倩 . 高校基层行政人员胜任力研究 [J]. 办公室业务 , 2016(22).

[46] 王雁南 . 高校行政管理人员职业倦怠成因及调节方式 [J]. 办公室业务 , 2016(20).

[47] 罗希 . 高职院校行政人员职业倦怠形成的原因及对策分析 [J]. 开封教育学院学报 , 2016, 36(10).

[48] 储爱霞 . 从激励理论看高校基层行政人员职业倦怠原因及策略分析 [J]. 卫生职业教育 , 2016, 34(17).

[49] 黄晓征 . 缓解高校行政管理人员职业倦怠的路径探究——基于工作匹配视角 [J]. 湖北理工学院学报 (人文社会科学版), 2016, 33(4).

[50] 齐楠 , 关宇 . 进一步加强高校行政管理工作探析 [J]. 科技展望 , 2016, 26(17).

[51] 宋婷 . 高校行政人员职业倦怠现状、影响因素及干预策略研究 [J]. 农村经济与科技 , 2016, 27(8).

[52] 卢叶 . 高校行政管理人员的职业困境探析及对策思考 [J]. 科教文汇 , 2016(5).

[53] 丛巧花 . 高职院校基层行政管理人员职业倦怠与缓解对策探析 [J]. 牡丹江教育学院学报 , 2016(4).

[54] 张梅珍 . 高校基层行政管理人员职业倦怠问题研究 [J]. 中外企业家 ,

2016(9).

[55] 沈郁 . 高校行政管理人员激励探析 : 困境与出路 [J]. 现代经济信息 , 2016(6).

[56] 张惠芬 . 高校教务管理人员胜任力研究 [J]. 教育现代化 , 2017, 4(37).

[57] 李小平 , 熊韵然等 . 军队研究生教育的需求内涵与供需失衡反思 [J]. 学位与研究生教育 , 2017(5).

[58] 拓春晔 . 高校行政人员职业倦怠及解决策略研究 [J]. 现代经济信息 , 2017(13).

[59] 陈思 . 基于胜任力的高校行政管理人员绩效考核研究 [J]. 太原城市职业技术学院学报 , 2017(3).

[60] 王琼 . 高校基层行政管理人员职业倦怠成因与策略研究 [J]. 教育现代化 , 2017, 4(49).

[61] 胡欣欣 , 叶玮 . 高校基层行政人员职业倦怠问题初探 [J]. 经贸实践 , 2017(20).

[62] 马湘林 . 情感、身份与归属——群众文化刍议 [J]. 大众文艺 , 2018(1).

[63] 吴立爽 , 熊启 , 刘鹏 . 高校辅导员胜任力模型构建研究 [J]. 宁波大学学报 (教育科学版), 2018, 40(1).

[64] 赵晓婧 . 高校行政管理人员职业倦怠研究 [J]. 传播力研究 , 2018, 2(23).

[65] 唐亚琴 . 高校行政管理人员激励机制研究 [J]. 科技经济导刊 , 2018(2).

[66] 李雪 , 滕达 . 提高高校行政人员工作积极性的对策探索 [J]. 产业与科技论坛 , 2018, 17(18).

[67] 李隽华，柳欠欠．大学行政人员管理能力提升策略探析 [J]. 延边教育学院学报，2018, 32(4).

[68] 张莉．缓解高校行政人员职业倦怠的路径分析 [J]. 常州信息职业技术学院学报，2019, 18(2).

[69] 刘萍．新形势下民办高校行政管理人员执行力提升探究 [J]. 中外企业家，2019(8).

[70] 周亚芳．场域视角下高校基层行政管理人员自我认同危机与消解 [J]. 黑龙江高教研究，2019(12).

[71] 徐蓉蓉．高校基层行政管理人员职业倦怠研究综述 [J]. 中国管理信息化，2019, 22(1).

[72] 申怡，夏建国．建设社会主义高等教育强国路径研究 [J]. 中国高等教育，2020(1).

[73] 冯金钟，段文美．高校行政管理人员管理育人素质提升研究 [J]. 劳动保障世界，2020(6).

[74] 李玲．新员工胜任力提升路径分析——基于无边界职业生涯理论 [J]. 领导科学，2020(6).

[75] 念潮旭．高校行政管理人员胜任力研究——基于教育治理体系和治理能力现代化视域 [J]. 福建师大福清分校学报，2020(8).

[76] 张巳如．新时期高校行政管理人员职业素质提升研究 [J]. 办公室业务，2020(10).

[77] 阚萍．胜任力视阈下高校基层管理干部职业能力建设研究 [J]. 北京教育

(高教版), 2020(11).

[78] 翟博 . 深刻理解习近平总书记关于教育的重要论述核心思想和精髓要义 [J]. 中国高等教育 , 2021(1).

[79] 陈建威 . 我国高校内部治理中的科层制及其超越 [J]. 行政科学论坛 , 2021(3).

[80] 闫雍旭 . 新时代高校行政管理人员师德师风建设路径探析 [J]. 大学 , 2021(3).

[81] 谢蓉 . 农村社会保障制度的法理学思考 [J]. 法制博览 , 2021(4).

[82] 王章豹 , 张漂漂 . 从毛泽东到习近平 : 高等教育思想的传承与创新 [J]. 南京航空航天大学学报 (社会科学版) , 2021(4).

[83] 东方 . 基于马斯洛需求层次理论的高校教师价值实现分析 [J]. 经济师 , 2021(4).

[84] 吕磊 . 基于岗位管理的省属高校管理人员绩效工资研究 [J]. 科教文汇 , 2021(5).

[85] 王莉平 . 专业化视野下高校行政人员的职能定位与应答 [J]. 科学咨询 , 2021(8).

[86] 顾亚男 . 高校基层管理人员的激励机制研究 [J]. 九江职业技术学院学报 , 2021(12).

[87] 叶勇 , 尤金凤 . 加强高校行政人鱼服务意识的对策研究 [J]. 中国轻工教育 , 2021(12).

[88] 郭元君 , 叶玉刚 , 魏春燕 , 等 . “放管服”背景下高校基层管理队伍建

设研究 [J]. 教育理论与实践 , 2021, 41(27).
[89] 强乐颖 , 马军强 . 教育信息化背景下高校管理人员创新理念与能力研究 [J]. 教育信息化论坛 , 2022(4).
[90] 谷子菊 , 安容瑾 . 新时代高校管理人员职业认同及提升策略 [J]. 当代教育与文化 , 2022(5).
[91] 柳传珍 . 领导自我效能感的作用机制及提升方法 [J]. 中国领导科学 , 2022(5).
[92] 胡靖宇 , 田晓 . 新时代高校教师师德师风修养之道 [J]. 河北旅游职业学院学报 , 2022(9).
[93] 张艳玲 . 论马克思主义劳动观 [J]. 理论学刊 , 2022(11).
[94] 史冰川 , 胡康林 , 景宇琨 . 后疫情时代高校基层管理人员能力培养研究 [J]. 高校后勤研究 , 2022(9).

后 记

本研究是我多年来从事高校基层管理工作的经验总结，也是我攻读首都师范大学教育博士期间的阶段性研究成果。本书的撰写，是一次回忆，也是一次科研能力的提升，但更像是经历了一次自我检视，很有收获，也能引起一些反思。作为一名有着十余年工作经验的高校基层管理人员，我深知工作中的辛劳与不易，也曾有过对岗位选择的“后悔”，但很庆幸，最终还是坚持了下来，并有了现在这本著作。

的确，个人的发展需求与岗位的实际需要是有偏差和距离的。作为个体，要主动去了解岗位工作的内容和意义，激发工作动机和热情，才能在岗位上找到自身的价值定位。在工作中实现了生存和生活的需要，同时也体现出了个人的自我价值，这才是“双赢”的局面。实现这种“双赢”局面的关键是找到两者之间的平衡点，需要个体发挥主观能动性去合理调整自身需求而适应岗位的胜任力需要。在实际工作中，有些人可能很快就调整到适应岗位需要的状态了，有些人则需要经历多次失败才能调整到位，也有些人直到退休都没有找到两者之间的平衡点，工作迟迟没有起色。本人撰写本书的目的就是希望能够解答高校基层管理人员关于自身职业价值、自身发展路径以及岗位履职能力等方面的困惑，通过分析研究，更快地找到自身发展需求与岗位胜任力提升的平衡点，从而提高个体与岗位的匹配度。

同时，我也希望能够通过本书，使得高校决策层面更加关注基层管理人员的胜任力提升。值得欣慰的是，已经有越来越多的高校关注到了基层管理人员的工作现状及发展方向，本人所就职的高校就采取了一些创新方式，为提升基层管理人员的胜任力提供了平台。比如：通过校内顶岗锻炼，让基层管理人员获得更多的岗位经验；开设信息化研修班，不断提升其信息化知识技能；基层管理人员若能够通过专门的考核筛选，还有机会转岗至专任教师或教辅岗位。虽然各高校已经采取了一些行之有效的举措，但是提升基层管理人员胜任力是一项系统性的常态化工作，需要全校师生的共同努力、长期推进。

在成书的过程中，非常感谢亲人们一直以来的支持和鼓励，感谢工作中领导和同事们的无私帮助，感谢读博期间各位老师的认真指导，感谢中国纺织出版社各位编辑的辛苦付出！大家的支持与鼓励给了我前行的力量，本人会以此为新的开端，坚定不移、奋力前行。再次衷心地感谢大家，并希望大家不吝赐教！

徐洪

2023 年 2 月